錢進口袋

小市民理財致富50招

劉培元◎著

出版緣起

　　以工作來賺取日常生活的消費需求，這是理財；
在銀行支存現金，拿著信用卡做各種消費，也是理
財。理財是一種生活態度，是一種人民生活須知。

　　台灣在前幾年歷經股市飆漲與暴跌的起落、亞洲
金融危機的經濟低檔，不僅金融大戶得小心資產縮
水，連小市民都不得不看緊荷包。慶幸的是，經過一
段時間的穩定之後，讓理財回到冷靜的基本—先守住
個人與家庭財物安全，再予以從容的投資進行致富性
理財。然而，過去的理財書籍一再強調如何將個人大
部分的資產投入在起伏不定的市場中，而讀者隨動盪
的數字起舞，影響對實際理財需求及操作的可行性評
估。在這樣的前提之下，生智文化提出一個「小市民
理財」的計畫，希望能提供同屬於你我應有的、確實
有效又平易近人的市民理財叢書。

　　在資本主義社會裡，人人找機會實踐夢想，但光
憑機會是不夠的，必須先累積足夠的機會資本，才能
在機會中獲勝。要求身體強健，我們提到完整均衡的
營養；機會資本也同樣地需要完整均衡的概念。對於
理財，我們必須抱著「勿恃機會之不來，恃吾有以待

之」的態度，機會遇上了，只要具備好有形與無形的
資本，致富的可能性就會大增。

　　「小市民理財叢書」主要是建立讀者正確的理財
觀念，進而有能力評估和執行。生智文化希望傳達我
們對於讀者問題的關心，給予受用智慧。往後陸續的
出版品中，將虛心接受讀者的反饋與指正，因為小市
民的生活需求，讀者最知道。我們也希望能透過這一
系列的出版，與讀者共同參與生活行動，創造積極的
生活。

理財入門的準備捷徑

對您、我來說，「理財」確是一門必修而有趣的學問。

筆者在企業界服務三十多年，因緣際會來到立法院擔任全國不分區立委。初擔任立委時，總思索著：置身在政治口水潰決、言論免責肆然的立法院，如何盡一己棉力為國家建設的藍圖提供意見？如何務實地解決民眾切身問題？

隨著政府預算的審查，筆者就在「國家總負債」的財金議題上，找到切入的機會，願意提供個人企業經營管理的經驗，從如何理「企業」的財，轉而協助政府理這個「國家」的財！

有趣的是，當筆者追查「國家總負債」越是深入，越是體會「喜」、「憂」起伏的衝擊，也越是喚醒筆者俠義天性的責任感，一直走下去。

「喜」的是，從中央到地方政府，從立法院到縣市議會，從財經學界甚至到一般民眾，越來越多人開始相信台灣錢淹腳目的時代已經過去。包括中央及地方政府的「國家總負債」高達新台幣五兆2,846億元：即台灣地區，每戶平均負擔76萬元、每人平均負

擔23萬元的「國債」。果然應了政府所言,大家都準備好要過苦日子了!

「憂」的是,當國家政策淪為政治服務,銀行存、放款利率屢創新低,台幣匯率持續走弱,政府這隻最「大尾」的「債務人」受益又快又直接,貧富差距擴大……而辛苦工作領死薪水的上班族該如何累積財富? 退休的銀髮族又該如何走向「薄利」時代的後半輩子?看來「理財」恐怕真是這個時代的您、我都該嚴肅看待的課題。

從「企業理財」、「政府理財」,再看「個人理財」;您準備好如何理財了嗎?細細咀嚼培元兄這本「財金可以很簡單」應是您理財入門的捷徑之一!

立法委員

王　鍾　渝

序

在一般人的生活中，要完全與財金脫離，其實並不容易。試問那一個家庭不曾買賣過股票？不買個幾張保單能安心嗎？面對五花八門的共同基金難道不會動心嗎？新台幣的升貶及外幣的匯率不是三不五時就會關心一下嗎？可是有一個現象絕對是普羅大眾面對財金時心中永遠的「痛」，那就是專有名詞實在太多了，而且許多財金現象似乎複雜無比，讓人頭痛萬分，不是嗎？

其實財金名詞及現象可以很簡單，至少比想像中簡單得多。原因也很簡單，就是所有的財金名詞及現象，除了學術研究所需之外，絕大部分都與一般人的經濟生活息息相關。只要受過最基本的教育，便絕對不會、也不應為其難倒。

當您看到報章雜誌上出現「存款準備率」、「重貼現率」等名詞感到似曾相識卻又大惑不解時，千萬不要退避三舍，更不要咒罵發明這些字眼的專家，因為所有財金名詞都是為了簡單化而非複雜化而取名。接著，當您知道「存款準備率」就是當銀行收到的存款太多了，必須將一部分放在銀行或中央銀行，這筆

錢與銀行所有存款的比例便是「存款準備率」，就不會再覺得這個名詞那麼的深奧難懂了，不是嗎？如果您知道「重貼現率」就是銀行拿著客戶的票據向中央銀行請求融通時的利率，是不是就會覺得這個名詞也不過爾爾罷了？

本書的目的，就是試圖將大眾日常生活可能遇到的財金名詞及現象，用最簡單及生活化的方式解釋、舉例及引申，讓讀者在最短且最不傷腦筋的情況下了解其意義。更希望大多數讀者在花上幾個小時閱讀完畢後，即能成為人生記憶的一部分，日後再接觸到這個名詞及現象時，即能應付自如。

當然，財金名詞及現象多如牛毛，很難有一本書可以完全收納及解釋。本書共收錄了五十個與一般人經濟生活較有關聯性的財金名詞，並歸納為股市篇、基金篇、銀行篇、外匯篇、其它篇等五篇，每一篇皆為十個名詞。每個名詞皆是一篇文章，筆者盡量用最簡單的文字做解釋，並且用生活化的方式及筆調加以引申。

為了讓讀者閱讀方便起見，本書在多數文章中，皆設計了「燈」型標示，讀者看到此時，不妨「眼睛為之一亮」，因為此處應具有提綱挈領之效。另

外，許多篇文末的「財金大補帖」內容，則是較新也
較與財金實務相關的資訊。

筆者在報社採訪及處理財金新聞十多年，對於眾
多財金名詞及現象經過了「懼怕」、「陌生」、「熟
悉」、「了解」等必然的階段。希望藉由本書，能讓
有緣者大幅縮短這個過程。

劉培元

ronaldli@ms2.hinet.net

股市篇

目錄
IX

基金篇

銀 行 篇

股市篇

錢進
2　口袋

上市、上櫃、未上市

企業發行的股票爭取到在台灣證券交易所集
中買賣稱為「上市」，在中華民國櫃檯買賣
中心交易者則稱為「上櫃」。至於既未上
市、也未上櫃，而是私下透過證券商交易的
則是「未上市」。

　　企業為什麼要發行股票，有兩大目的：第一就是
證明股東的持股數目，第二則是向投資人募集資金。
既然要向民眾籌錢，最好是以「上市」的方式進入投
資人數最多、交易量最大的股票集中交易市場；如果
力有未逮，則退而求其次的以「上櫃」方式進入櫃檯
買賣中心；等而下之的是「未上市」股票，只能在沒
有法律保障的情況下，私底下由證券商甚至私人間進
行交易。

　　既然「上市」最能達到「印股票、換鈔票」的效
果，為什麼還會有「上櫃」及「未上市」的市場呢？
因為上市的資格要求最嚴，其次是上櫃，有些企業兩
者的標準都達不到，只好暫時先在未上市的市場中
「委屈」一陣子了。

　　目前法律當然只規定上市及未上市公司的資格，

兩者的資格主要有什麼樣的差距呢？首先，在公司設立時間方面，上市公司必須屆滿五年以上（上櫃公司只要兩年）。其次，上市公司的資本額必須在近兩年皆達新台幣3億元以上（上櫃公司只要5,000萬元）。至於獲利能力，上市公司不但最近一年內不能有虧損（上櫃公司也是），而且必須達到下列的要求中至少要符合一項：營業利益及稅前純益占實收資本額比率，最近兩年皆須達到6%（上櫃公司為4%）；這項比率最近五年皆達3%以上（上櫃公司為2%）。由這項標準看來，上市公司在設立時間、資本額、獲利能力三方面的資格，皆遠比上櫃公司嚴格。

上市公司的股票，均在集中交易市場買賣，由台灣證券交易所運籌帷幄，而且已有數十年的歷史，其公信力早已為廣大的投資人所接受；上櫃公司由早年的店頭交易進展至目前的櫃檯買賣，在歷史、規模、公信力等各方面均不如集中市場。因此，一般公司所發行的股票，均以上櫃為第一階段的目標（也有直接進軍集中交易市場而成為上市公司），第二階段才是上市。

很多人心中一直有個疑問，台灣上市加上上櫃公司頂多一千多家，可是符合標準的公司家數應該不只

這個數目吧？ 沒錯，有許多公司（包括國營及黨營事業）的確符合了上市或上櫃的資格，但是這些公司可以自行選擇要不要上市、上櫃。有些公司基於家族型態、自有資金足夠、不希望受投資大眾監督等因素，而寧願放棄上市及上櫃。另外一方面，有些類型的公司企業也比較不適合上市上櫃，例如，營建業因為房地產景氣循環影響市場甚鉅，公司獲利難以達到上市、上櫃的要求。

　　一般的投資人，當然應該優先選擇在集中交易市場買賣上市公司的股票，因為遊戲規則最完善，一旦遇到上市公司、證券商有不法情事時，政府便會適度介入。至於櫃檯交易中心的上櫃股票，雖然制度及運作不及集中市場健全，可是比較容易買到股價較低、具成長潛力的股票。至於未上市公司的股票，並不在法律的保障範圍內，也沒有證券交易所、櫃檯買賣中心這樣具公信力的單位居中維持市場秩序，不但股價漲跌幅度較大，而且公司起起落落也較為頻繁，因此民眾還是少碰為妙。

財金大補帖

民國九十二年六底月台灣上市股票家數總計638家，總市值為新台幣9.9兆元。上櫃公司（含第二類股票）家數為422家，總市值為新台幣9,980億元。未上市未上櫃公司家數為115家。九十二年一至六月集中市場總成交值為新台幣8.2兆元。

除權、填權、貼權
除息、填息、貼息

只要每一家上市、上櫃公司當年的營運情形良好，就會產生盈餘，在扣掉一些必要支出後，就會把剩餘的盈餘配發給廣大的投資人。但是公司可以自行決定是給投資人股票（權）或現金（息）。如果是給股票，那麼股價就要扣掉發給的股票（權值）這一部分，便稱為「除權」；除權後的股價如果漲回原來的水準，就叫「填權」；如果下跌便是「貼權」。如果公司決定發給現金，那麼原來股價扣掉發給現金的動作便稱為「除息」；除息後股價又漲回來便是「填息」；反之則是「貼息」。

許多股市新手都會被這六個專有名詞弄得暈頭轉向。其實，要立即分清楚它們的意思，並不是難事。最重要的兩個關鍵字就是「權」與「息」。將「權」想成權值，也就是股票的意思；「息」則與利息一般，就是現金。

接下來的另外兩個關鍵字便是「填」、「貼」。從

字面上的意思看就很清楚了。「填」必定是把洞補起來，大家不是常說「填起來」或「填上去」嗎？「貼」則更簡單，常說「貼錢」，就是虧錢的意思。所以「填權」、「填息」必定是把股票的數目及現金的缺口補起來，也就是股價上漲的意思。反之，「貼權」、「貼息」就是虧了股票的權值及現金。

舉例來說，假設一家公司比較實惠，在一年結算時賺了不少錢，這些錢當然就是盈餘，在扣掉繳稅、提列公積金、支付董監事的酬勞後，剩下來的錢決定發給現金，而且每股配發2元。原來該公司的股價假設是80元，那麼「除息」後的股價就變成78元。大家都覺得一張股票便可以領到新台幣2,000元都頗為高興。可是接下來會擔心一件事，就是股價在「除息」後要漲回80元才有意義，否則不是白給了嗎？因此，日後若漲回80元甚至更高，就是「填息」，那麼領到的股息才具有意義；若是日後不但沒漲回除息前的價位，反而股價比除息後的價位更低，那麼大家便對「貼息」而傷心不已了。

除權也差不多，只是股價的計算方式與除息不同而已。例如，某家上市公司決定每一張股票配發200股，「除權」時股價由原先的每股80元降至77.5元，

此時如果您上網一查自己的該股股票，會發現多了一些「零頭」，也就是原來是整張的買，可是在除權時卻會發現股價的張數有小數點出現。當「除權」後股價仍舊漲回80元，就是「填權」，表示自己配發的股票貨真價實，反之則是「貼權」，只是自己白高興一場而已。

說得更仔細一些，每家上市上櫃公司都會在一年的某一天訂為「除權過戶基準日」或「除息過戶基準日」，並且提前一個月公告，就是告訴大家要配發現金或是股票，請大家注意股價要往下調低一點了。

在過戶基準日的前四天，所有的股票就不能過戶了，也就是即使買了股票也不能享有股息或是股利。往前一天推（前五日），就是所謂的「最後過戶日」；再前一天（前六日）就是除息日。

每家公司的股票接近除權或是除息時，不論手中是否有該公司股票的投資人都會注意兩件事：第一是配發的股利或股息高不高？第二則更重要，「除權」或「除息」後的股價是否漲得回來？如果大家都對這家公司充滿信心，那麼手中握有股票的民眾必然不肯賣出，沒有股票者則希望在「除權日」或「除息日」前買到股票，如此便會造成這支股票的上漲。反之，

如果這家公司最近的狀況不少，那麼持有股票者因為害怕「貼權」或「貼息」而趁早賣出股票，可是手中無股票者也不是省油的燈，硬是不肯輕易進場，那麼這支股價在「除權日」或「除息日」之前便開始下跌，「除權」或「除息」的價位也下降，再加上之後預期心理而走跌的「三重效應」，股價之難看便可以想當然爾。

 財金大補帖

上市公司的除權、除息資訊，可以參考台灣證券交易所的「除權除息預告表」。進一步的資訊則可參考同一網站的「除權除息計算表」。

(http://www.tse.com.tw/exchange/t13sa160.htm)

多頭、空頭
牛市、熊市

按照中國人或台灣人的說法，股票有一張上漲行情時，便是「多頭」；反之則是「空頭」。但是老外的說法則不同，他們稱呼多頭市場為「牛市」，空頭市場為「熊市」。你知道為什麼牛與熊這兩種動物會成為股市多與空的代名詞嗎？

老外遇到股市處於多頭時，便稱之為Bull Market（牛市），遇到空頭市場時則呼之為Bear Market（熊市）。其緣由已不可考，但是一般主流的說法是：牛眼向上看、熊眼往下瞧。因此以「牛眼看人高」代表股票上漲，「熊眼看人低」意味股票下跌。另有一種非主流的說法，就是牛在攻擊人時，一定用其角向「上」頂，而熊在襲擊人時，則必定以掌向「下」掃，這個說法也說得通。由於牛市與熊市代表股市多頭與空頭已深入人心，因此尚有衍生的名詞出現。例如，英文sell a bear便是「賣空」之意，而不是賣一隻熊。

不管多頭、空頭也好，不論牛市、熊市也罷，在

操作上都有一定的學問，而不純粹只是「多頭買、空頭賣」這麼簡單。

多頭與空頭時期操作股票的困難之處只有一個，就是在於判斷何時開始與何時結束，因此便關係著何時買與何時賣。

有經驗的股票投資人都了解一件事，就是多頭並不是敲鑼打鼓而來，而經常是無聲無息地來到，走的時候也經常不帶走一片雲彩，就那麼悄悄地走了。同樣地，空頭行情也常在大家不知不覺中來臨，走的時候還是在眾人毫不知覺下。更重要的是，當多頭行情走入尾端時，通常就是空頭時代來臨，反之亦然。如果不是這樣，為什麼大家都玩股票，可是有人可以賺得錢淹腳目，有人硬是虧得血本無歸呢？

因此，有專家便提出經濟循環的三段論。不論多頭與空頭皆適用。

以多頭市場為例，第一階段是「起飛期」。通常發生於股市低迷已久，投資人聞股色變，可是上市公司的業績已經開始改善，各種經濟指標也向上攀升，因此有經驗的投資人開始買入優質的股票，然後靜靜地等待股價回升。

第二階段便是「發展期」。由於經濟已確實脫離

谷底，民眾開始對股市略具信心，因此股市的買氣逐漸回升。有信心者開始大買股票，三心兩意者只敢部分跟進，不知不覺者則仍然按兵不動。

進入了第三階段的「蓬勃期」，由於經濟面大好，股價也回升到一定程度，民眾對於股票市場的熱情完全恢復，大部分的散戶於此時大買特買，許多人寧願丟掉工作也要浸淫在號子中。可是，有經驗的投資老手則產生警覺，不動聲色地開始出清部分或全部持股以獲利了結，並靜靜地等待新的熊市到來。

至於熊市的三段論也差不多。第一階段是在景氣及股市處於最熾熱的時期，可是各公司業績因達到高峰、市場需求也達到飽和而隱藏危機。第二階段是經濟數字已開始下滑，眾人逐漸開始有危機感；第三階段則是股市大壞，但是投資老手趁機開始補貨。

由於對股市多頭、空頭有深刻的了解與體會，因此有極少數的理性投資人，平時極少出手，只是多頭尾聲第三階段的某個時間內一次大賣，待空頭已近結束時便大買一次。如此操作的理性投資人，也許一年只出手一次，但是獲利卻是高得嚇人。尤其，當您身邊有這種朋友時，也許您根本沒想到他是真正懂得投資獲利的高手。

K線圖、陽線、陰線
上影線、下影線

「K線圖」就是開盤價、收盤價、最高價、最低價所構成的技術線圖，用以研判及預測股價走勢之用；當收盤價高於開盤價時「陽線」也稱為紅線；如果收盤價低於開盤價時便是「陰線」，也叫做黑線；最高價與收盤價之間的細線是「上影線」；最低價與開盤價之間的細線則為「下影線」。

一般股民中，如果對於K線圖素無研究，一旦聽到K線圖、陰陽線、上下影線、移動平均線等名詞時必然像是宋楚瑜聽到「興票案」三個字一般頭痛無比。可是麻煩的是，只要您到號子坐一坐、看電視老師開講、研讀股票書籍及專業報紙時，這些惱人的玩意兒卻如打不死的蟑螂般到處都是。怎麼辦呢？既然逃不掉，就面對它，至少蜻蜓點水般的略知一、二吧！

「K線圖」就是由近百年無數的經濟及股市專家，根據股市多年來的變動，以線型的方式做紀綠，並且歸納出許多規則，用以研判及預測未來股價走

勢。它就像算命一般，說過去九成皆準，看未來則至
多七成。相信的人，便埋首其中；不盡信者，則參考
無妨。

K線圖當然複雜無比，即使最資深或最具功力的
「老師」也不敢自稱完全掌握。一般初學者必須要知
道最重要的四個K線圖要素，便是開盤價、收盤價、
最高價、最低價。

當您有意無意看到K線圖時，覺得最亮眼的是不
是圖型中很多個紅色或黑色的棒狀物呢？如果閣下沒
有色盲，只要看到這個棒狀物是紅色的，便可以知道
當日是收紅的，專有名詞叫作「陽線」，另外一個同
意詞反而更易讓人理解，便是「紅K線」（陽棒、紅K
棒好像更與圖形相符，可是沒人如此稱呼）；黑棒則
表示收黑，稱為「陰線」，也稱為「黑K線」。

既然是棒狀，就一定有頂端與底端，各自代表著
開盤價與收盤價。陽線的頂端是收盤價，底端便是開
盤價，陰線則剛好相反。為何不能倒過來呢？原因很
簡單，陽線既然是收紅，收盤價必定高於開盤價，因
此收盤價一定在上；反之，陰線必是收黑，收盤價當
然低於開盤價，自然只好屈居於開盤價之下了。

為何陰陽線與上下影線不能均是棒或線呢？當然

不行，如果兩者一樣，那麼同樣粗細之下，誰有那麼好的眼力分清楚誰是誰呢？話不多說，「上影線」就是最高價與K線棒狀物頂端所連成的線，而「下影線」則是最低價與棒狀物底端的連線。

　　說了半天，上下影線與陰陽線對大家有什麼實質的幫助呢？當然有，最簡單的講法，陽線愈長（長的陽線叫「大陽線」）就表示買方力量甚強，後市看漲的機會比較大；陰線愈長（比較長的陰線名為不太好聽的「大陰線」），則意味著賣方力道較大，後市較為看跌。

股市篇

15

　　至於上下影線必須搭配著陰陽線一起看，所以比較複雜些。通常有六種情形：如果陽線（收紅）只有上影線，通常代表多中帶空；如果陽線（收黑）只有下影線，則意味著後勢看漲。如果陰線（收黑）只有上影線，空方力道勝於多方；陰線只有下影線，則是後市看跌。至於更常見的兩種情形中，陰陽線同時有上下影線，顯示的意義差不多，皆是上影線較長為空方力道強，下影線較長則後市看漲。

　　當然，K線圖絕不只有陰陽線、上下影線這些要素而已，運作時也絕不是區區幾百字能夠說得清楚。但是，當您了解了這幾個名詞及其基本意義後，至少

對於K線圖就不算是全然的門外漢了。

財金大補帖

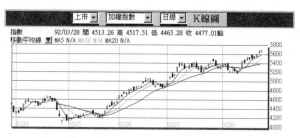

上市大盤K線圖

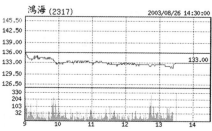

個股K線圖

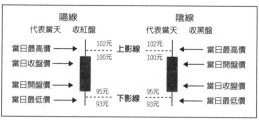

陰陽線

本益比

本益比是每股市價與預估每股稅後純益之間的比例；換句話說，就是每股市價除以每股預估稅後純益的數字。

投資人在選擇要買某一支股票時，經常會對於當時的價位是高或低感到疑惑。雖然每一個人都知道低買高賣的道理，可是每支股票的價位隨時變動，什麼樣的價位才算是高或低呢？有一個可以參考的方法，就是由本益比數字決定比較合理的股價及買進價位。

本益比是如何算出呢？舉例言之，某支股票的市價每股20元，預估稅後純益為0.5元，那麼每股市價（20元）除以每股預估稅後純益（0.5元），得出的數字便是40。也就是說，這支股票的本益比為40。

由以上的關係可以看出，當某支股票的本益比數字愈低時，這支股票就愈具有投資價值（因為純益高而市價低）；反之，數字愈高時則愈不具投資意義。合理的本益比數字究竟應為多少才合理，不同的分析師及投資專家會有不同的看法。但是比較為多數專家接受的算法，就是拿銀行存款利率做為比較指標。

例如，假設目前銀行存款利率為2%，如果拿新

台幣100萬元存至銀行，那麼一年的利息為2萬元，本金與利息的比例為50倍。此時，股價合理的本益比倍數也應是50倍。當然，銀行存款利率調高或降低時，股票本益比的倍數也要隨時調整。

在理論上，上述股價本益比與銀行存款本金、利息之比的連動計算方式中，投資股票的獲利會比銀行存款的利息收入來得高。原因很簡單，銀行存款的收入只有利息一項，但是投資股票的獲利來源則來自於配息、配股及股票差價等多方面。

儘管本益比的算法非常簡單，但是在實際投資股票時仍須考量一些變數，否則每一位投資人都可以靠計算本益比而大賺錢了。

在運用股價本益比決定購買價格時，有幾件事必須注意：

第一，每股稅後純益是預估值，與到期後的實際數字可能會有偏差，如果實際數字高於預估值，當然股票的價值會提高；萬一不幸每股稅後純益數字「開高走低」，那麼投資人不但會有受騙的感覺，手中股票的價值自然也就縮水了。因此，每家上市、上櫃公司的財務透明度及實際營運狀況便很重要，這通常也是最讓投資人難以捉摸的變數。

第二，本益比數字僅是參考數字，而不是萬靈丹。因為影響股市及股價的因素太多，除了個別公司的營運策略及財務報表透明度之外，國內外經濟環境的變化、政治面的發展、特殊事件（例如：SARS疫情）等，不但隨時影響股市，而且影響的程度可能超過本益比。

第三，則是時間因素。一般而言，本益比較具中長期投資的參考，因為實際每股稅後純益需要一段時間印證；習於短線操作者則不太受本益比倍數的影響，反而是消息面更會影響投機客的操作。

第四，在決定本益比時，經常要將倍數調得更低，除了擔心屆時每股稅後純益值會較低外，許多公司常會因業外收入、處理公司資產等非常態作法而使得本益比倍數偏低，在一段時間後，這些公司的股票便會因本益比大幅提高而增加投資股票的風險。

 財金大補帖
台灣上市股票九十二年六月底的平均本益比為38.06。

融資、融券

融資，就是以自備款及借款兩種款項買股票；融券，便是向證金公司先借出股票出售，日後再買入補還。

　　一般民眾在投資股票時，大都會以自有的閒錢，在一定的範圍內操作。例如，一個家庭經過討論後，也許會拿出新台幣100萬元的閒錢買賣股票。不論這100萬元是一次買完或是分批投資，也不論這些錢變成150萬元或是只剩50萬元，反正就是在這個額度內操作便是。

　　但是當投資人在磨練出一番實戰經驗後，很可能因為兩種心理而希望能夠「玩得更大些」，也就是希望手中的資金或股票變得更多些。

　　第一種心理便是由「食髓知味」而產生。例如，自己手中的股票價值由當初的100元暴增為150元，心中後悔當初要是拿個一千萬元可有多好。可是受限於自己為受薪家庭，拿不出如此多的閒錢。怎麼辦？當然是借錢，直接融資、融券買賣股票，比向親友調錢或向銀行貸款方便多了。

　　第二種心理就是由「預期心理」而產生。不論是

自己研判、熟人有內線消息、甚至是聽信明牌何種方式，當你確信某一支或幾支股票即將會有明顯的漲幅或降幅時，當然會覺得是一個發筆小財的良機。此時以手中股票或資金下海，可能的賺頭實在不過癮。怎麼辦？當然是借錢，只要已經辦好信用帳戶，融資融券可說是手到擒來，毫不費功夫。

所謂融資，就是向證金公司融資買股票；可是不能百分之百的融資，最多只能融通六成。例如，當您覺得買某支股票必然大賺，想投資500萬元準備大撈一筆時，您至少要準備200萬元（四成），其餘的300萬元（六成）則可用融資的方式取得。

在融資時有兩個要件是投資人一定要知道的。第一，融資買股票時，自有的本錢（至少四成）會作為融資的擔保，日後萬一發生虧損而致無法還錢時，這些本錢便會受到損失。第二，融資並非漫無限制，證金公司當然不是省油的燈，目前是將融資戶分為四級，每一級客戶可以融通的資金自250萬元至1,500萬元不等。

融券，就是向復華等證券金融公司借股票先行賣出，自己要付出股票價格的七成資金作為保證金。例如，當你判斷某家上市公司將出問題，其股價將明顯

下跌時，便可以先行融券賣出，在一段時間補回這些股票時，因爲回補的價格低於當初融券的價格，因此可以賺上一筆。

　　融券的金額有兩種限制：第一種限制，與融資一樣分爲四級客戶，每戶融券限額由250萬元至1,500萬元不等。第二種限制，就是每支股票的融券限額，上市股票爲750萬元，上櫃股票爲500萬元。

　　融資、融券對於股市投資人而言，猶如水能載舟亦能覆舟般，可以增加獲利的程度，但也可能造成萬劫不復的下場。就像借錢買股票一樣，當賺到錢時，什麼都好談，除了還給銀行本金及利息之外，剩下的錢全部進了自己的口袋；可是萬一輸慘了，不但自己的本金及向證金公司融資的錢均縮水。更要命的是，融資要面對股票下跌時融資維持率不足的斷頭賣出及付息雙重壓力；融券則可能遇到維持率不足及軋空的兩大煎熬。

　　一般個人及家庭並不適合融資、融券買賣股票，因爲眞的沒有什麼人能夠屢屢準確的預測股價的漲跌，否則擴張信用交易的人早就賺翻了，股市也就不會有如此多傾家蕩產的辛酸故事了。

　　如果有人不信邪，硬是覺得自己判斷股票的漲跌

有如神助，不做融資、融券絕不甘心，那麼不妨考慮
以下幾個建議：

1. 融資、融券的成數不要做滿，給自己留點迴旋
   的空間。
2. 自有資金的部分，不要再向銀行或親友調度，
   以避免進一步擴張信用。
3. 設立停利及損點，如此一來可以確保獲利及降
   低損失。
4. 先設想遇有維持率不足、軋空等情事時，自己
   要如何因應。

在投資的領域中，絕大多數的受薪階級應儘量避
免高風險、高報酬、高財務槓桿的操作方式，這些就
留給少數「賭性堅強」者發揮即可。與其大起大落，
一般人不妨還是抱著小賺小賠、平安就是福的心態。

財金大補帖

台灣股票市場九十二年七月二十五日的信用交易融資餘額
計新台幣2,284億元（股票張數為1,776萬張），融
券餘額張數為148萬張。

乖離率

在報紙證券行情表的個股資料後面，經常可以看到「乖離率」三個字及其數字。當任何一支股票當日的價格，與最近一段該股平均價格差距很大時，我們就會說其乖離率很大。乖離率數字的大小、正負，通常可以作為買股或賣股的一個參考。

即使不太懂得玩股票的人，大概也知道逢高賣出、逢低買進的道理，何況是股市老手。可是，想要買賣的股票價位到底算高還是低，就比較難判斷了。例如，有一支股票在一年之內上至200元、下至50元，假設現在的價位是一股100元，那麼是算高還是低呢？

判斷股價是高或低的方法有很多種，乖離率是其中一種，而且是頗為簡單的一種參考方式。說得簡單一些，如果一支股票已跌了一段時間，大家都會覺得這支股票的價格未免太過委屈，便會想逢低買一點；反之，當某支股票已連漲幾天，如果要追高，大家便會覺得怕怕的，深怕自己會成為最後一隻逃不掉的老鼠。乖離率便是由這樣一個「人同此心，心同此理」

的道理而產生。

　　如此可知，所謂「乖離率」就是某支股票價格與平均股價之間的差距。它可以放大成整個股市，也就是加權股價指數與最近一段時間的平均加權指數之間的差距。

　　那麼乖離率的數字是如何計算出來的呢？也很簡單，以個股來說，就是當日的收盤價減去最近一段時間的平均收盤價，再除以最近一段時間的平均收盤價，最後乘以100%。聰明的人會發現一個問題，在這個公式中的「最近一段時間」，說法好像太籠統了一些。沒錯，乖離率有不同日期的算法，如果「最近一段時間」是以最近三日算，那麼得出的結果便是「三日乖離率」；另外還有「六日乖離率」、「十二日乖離率」及「七十二日乖離率」等等。由這個公式可以看出，乖離率既然有一個「率」字，而且公式最後是乘上100%，因此其數字一定是個百分比。

　　了解了乖離率的意義之後，到底要如何運用呢？投資人一定要先了解一個最基本的道理如果乖離率的數字為正，稱之為「正乖離」，表示當日的股價比起前面一段時間已有一定漲幅，回檔的可能性便增加，可以考慮賣出部分股票；當乖離率的數字為負時，稱

之為「負乖離」，就意味著當日的股價比之前一段時間低，有反彈回升的可能，便可以考慮買進股票。換句話說，當「正乖離」的數字愈大時，股價下跌的可能性就愈高，賣出持股就愈有必要；當「負乖離」的數字愈大時，股價就愈可能上漲，進場補些股票的勝算就比較高了。

接下來最實際的問題便是，乖離率的正負數字到底超過多少時，才是買賣股票的適當時機呢？以十二日乖離率為例，通常數字超過負10%時，便是買進的時機；如果超過正10%，則屬賣出的訊號。

當然，乖離率如同其它任何分析方式一般，都只可參考而不可盡信，有一些因素會讓乖離率的可信度「破功」。例如，市場上有許多投機股，許多市場派的大戶在其中翻雲覆雨，這一類型的股票，由於具有急漲、急跌的特性，因此股價乖離率必然遠高於一般股票。另外，有些上市、上櫃公司發生了營運特殊狀況或是有財務危機時，乖離率也會產生不正常的現象。總而言之，在眾多上市、上櫃公司中，凡是股價呈現暴漲、暴跌者，乖離率對此「一概不負責任」。許多投資人過於相信乖離率的數字而慘遭滑鐵盧，便是種敗因於此。

壓力線、支撐線

股價起起伏伏，常讓人難以決定何時是買點或賣點，此時便可以參考技術分析圖形的壓力線與支撐線。但某支股票的價位到達壓力線之時，即表示上漲不易，可以考慮賣出；反之，當價位來到支撐線時，即意味著已有相當跌幅而不易繼續下跌，便是考慮買進的時機。

　　股票市場有一個特性，就是不會永遠的上漲或下跌，而是始終保持起起伏伏的狀態，只是上揚或下跌的時間長短而已。不論是整個股票市場或是單支股票的走勢，如何在波動的價格中選擇買點與賣點，壓力線與支撐線便提供投資人一個參考依據。

　　在股市技術分析的K線圖型中，把一段時間某支股票在不同日期的價位，選擇上升的部分可以連成一條線，這就是壓力線；反之，選好下跌部份的價位連成一條線，就是支撐線。當然，壓力線的價位絕對高於支撐線的價位。

　　既然名之為壓力線，就表示這支股票的價位遇到壓力，也就是上漲不易，隨時有下跌的可能，因此便

是賣出手中持股的一個時機。反之，名之為支撐線，就意味著已有一波的跌勢，股價不容易繼續往下跌，而上揚的空間甚大，因此便是可以考慮買進股票的時機。🔆

　　壓力線與支撐線之所以有其參考道理，便是股市不會永遠只漲不跌、只跌不漲。當某支股票因為各種因素而下跌至一定程度時，許多投資人便覺得已經跌得夠多了，因此自然產生逢低買進的想法。當人同此心、心同此理後，很自然地，支撐線的價位就是大眾「公認」適合買進而不宜再跌的價位。當某支股票已有一番明顯漲幅後，許多投資人擔心風險已大而不宜再追高，因此紛紛產生獲利了結的心理，便紛紛出脫持股，多數人賣出的價位便大致位於壓力線的附近。

　　進一步而言，支撐線價位的形成，是由於許多投資人的心理所造成，例如，看好未來股價走勢、先前錯失買進時機、在某價位賣短、獲利而回補、隨他人買進而跟進等。至於壓力線價位，也是由於投資人的一些心理所形成，例如，看壞後勢、獲利了結、未及早賣出、等待反彈停損等情形。

　　投資人在觀察壓力線、支撐線時，除了遇壓力可賣股票、遇支撐可買進股票外，也務必要注意這兩條

線經常是互相反轉的。最常見的情形是，當股價上漲一段時間，突破了壓力線之後，這條壓力線反而會變成下一波的支撐線；相反地，當某支股票價格已有一段跌勢後，價格如果再跌破支撐線，那麼這條支撐線便成為上一檔的壓力線。

另外，由於支撐線與壓力線都是多空交戰最激烈的區域，一旦當這支股票的成交量放大而價格上漲時，就會因獲利了結、陸續賣出持股而形成壓力線，股價便容易反轉而成為下跌的格局；當下跌的走勢因為出現成交量比前幾日放大數倍而上漲的情形時，股價便呈現支撐而常有一波的漲勢。

當然，俗話說「盡信書不如無書」。支撐線與壓力線雖然是一個提供投資人買賣股票的技術參考指標，但是實際操作時卻是千變萬化，即使老手也未必能完全依靠K線圖獲利。因此，在投資股票時，支撐線與壓力線僅可以做為參考，只依此操作部分持股與多加觀察、學習，才是較為穩健的作法。

財金大補帖

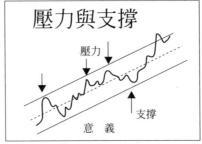

壓力與支撐

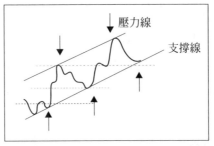

壓力與支撐線

選擇權

當您想買股票或是黃金時，買進時當然是依當時的價格。可是您是不是曾經天方夜譚地想過，假設本來想買十萬元每股30元的股票或是一錢1,500元的黃金，可是現在只肯付出幾千元，卻希望在日後股票或黃金價格上漲後，再以原來的價格買進，如此豈不大賺一筆？有沒有這樣的金融商品呢？有，它的名字就叫「選擇權」。

　　如果您對「選擇權」三個字的名稱及內容感到很陌生，一點也不足爲奇，因爲這完全是老外發明的舶來品，最早是十七世紀荷蘭人買鬱金香時得到的靈感，運用到現代投資市場的自然也是老美及老歐。不過，選擇權倒是與中國老祖宗行之上千年的「買空賣空」有些不謀而合。

　　選擇權最重要的觀念，就是對於買或賣任何商品，有「選擇」之「權」。也就是說，是不是真的要買或賣、用什麼價格去買或賣，完全操之在我。更進一步地說，就是商品價格飛漲時，我就用原先較低的價格去買，如此可以賺到差價；明顯降價時，我用原

來的高價賣出，利潤馬上可以進入口袋。可是聰明人一定會質疑天下豈有如此美好之事？沒錯，選擇權的問題、陷阱、風險只有一個，就是必須要先付一點保證金。

舉個日常生活的例子，就可以知道選擇權是如何運作了。如果您想買一台液晶電視，現在一台賣新台幣3萬元，如果您覺得以後會因為缺貨或是熱賣而漲價，那麼便向交易商說您要在一年內買這台電視。可是現在不必真的付3萬元，付個2千元算是訂金吧。一年不到之際，如果液晶電視真的漲了，例如漲到一台4萬元，那麼您便可以向交易商說決定要買了，那麼就是以3萬元買一台市價4萬元的電視，而且訂金沒有任何損失。如此，您便會因為選擇權交易而賺到了1萬元。

至於是賣東西，道理也差不多。如果您覺得液晶電視售價過一陣子會因為量產而下跌，那麼便向交易商說一年內要賣這台電視，一樣要先付2千元訂金。即使手中沒有真的電視也沒關係，反正交易市場有時就像網路一樣都是虛擬的。一年不到，您的預言果然成真，液晶電視降到了每台只要2萬元，那麼您可以馬上打個電話給交易商麻煩趕快賣掉，一轉手之間1

萬元就進了口袋。

　　如果您哪天真的要試一下選擇權交易時，當然在了解以上的例子後，也要知道幾句術語才行。當您想要買電視時，就叫做「買權」，如果想賣則是「賣權」；先付出的訂金稱為「權利金」或是「保證金」；3萬元就是「履約價」；一年到時便是「到期日」或「履約日」；整個交易行為稱為「選擇權」。

　　雖然以選擇權買賣商品看似好賺，可是其實風險並不小。例如，當您買液晶電視後價格偏偏直直落怎麼辦？賣液晶電視後其價格卻水漲船高又如何是好呢？此時您有兩個選擇，選擇虧損較小時買或賣；或者，不要買賣，就讓訂金作犧牲品算了。

　　當然，選擇權真正在交易時，大概不會讓您買賣液晶電視，而是股票、債券、利率、匯率、期貨、石油、黃金、貴金屬等就是了。反正就是國際投資市場上常見的交易項目就是了。可惜老外不像中國人好賭成性及無事不可賭，如果換成中國人發明選擇權，那麼可以交易的對象可就精彩多了。

　　了解了以上的道理後，在真正操作選擇權時便知所進退了。如果自己支付保證金購買「買權」時，一旦遇到商品價格上揚，便可以自己拿捏何時執行買入

的動作，千萬不要太貪心，以免又跌了回去；另外也可以將自己的「買權」賣掉。如果價格始終差不多，也沒關係，只要在到期日之間處理掉就行了，但是不要拖太久，因為時間愈晚選擇權的價值就愈低。比較麻煩的是價格下跌，當然一定虧損，處理的方式是賣掉「買權」或是任由時間過去而賠掉保證金。至於「賣權」的運作方式，道理也是相同的，只是反向操作而已。

相對強弱指標

研判股價將漲或跌，方法有許多。有一種很
受股市老手推崇的方法，就是由股票處於超
買或超賣的狀態以預測股價的走勢，也就是
利用「相對強弱指標」的數字做研判。

　　股市中任何一檔股票，總是漲漲跌跌的。就像翹
翹板一樣，不論兩頭如何翹，終究有一個平衡點。股
價也經常如此，漲多必跌、跌多必漲，如何找到漲跌
之間的那一個平衡點，就容易判斷股價走勢及買賣的
時機。

　　相對強弱指標（Relative Strength Index）就是基
於這樣的原理而產生，其公式有些複雜，不是一般投
資人所能輕易了解，只要知道是由某支股票最近的漲
跌幅而計算出即可。指標的數字是介於0至100之間，
平衡點是50。一般而言，當指標的數字超過70或80
時，就表示股價因為已有一波的漲幅而有超買的現
象，後市便容易有回吐的賣壓。反之，當指標數字低
於20或30時，便是由於股價因先前有一波跌幅至產生
超賣的現象，後市便很可能止跌回升。

　　為什麼相對強弱指標能夠取信於人呢？有一個道

理很說得通。股市老手都知道一個必然現象，就是投資於股市的資金大致是固定的，如果買入的資金愈多，那麼能夠繼續跟進的資金自然就變少了，買盤的力道隨之縮減後，當然賣盤的力量就變強了，股價基於賣壓沈重便自然容易下跌了；反之亦然。

因此，許多有經驗的投資人，根據相對強弱指標的數字，觀察出某支股票是處於超買或是超賣的狀態。假設指標的數字是85，就表示大家已卯足了勁買股票，即使想再多買，剩下的錢已不多了，只要有人因為獲利回吐等原因賣點股票，就很容易引發新一波的賣壓。反之，假設指標的數字是15，就表示某支股票已有超賣的情形，便可以開始買點股票，並靜待股價開始上漲。

較常使用的相對強弱指標有六日、十二日、三十日等。一般而言，六日RSI較適合研判短期行情，十二日以上RSI則有利中期行情的判斷。

投資人在運用相對強弱指標時，可以很簡單的「按表操課」。如何操作呢？就是指標數字在30至70(20至80亦可)之間屬於正常交易狀態，並沒有明顯的買超或賣超。當數字大於80時，因為已進入超買區，便可開始分批賣出。當數字低於15甚至10時，便

表示嚴重超賣，此時進場承接股票的風險不大，日後獲利的機會很大。在操作時，有一個特別值得投資人注意的現象，就是當指標與指數悖離時（例如指標數字大於80而指數跌，或是數字小於20而指數漲），便經常表示大盤即將反轉。另外，如果要更為靈活、有效的運用相對強弱指標，最好能一併參考成交量與移動平均線的變化。

　　儘管相對強弱指標的參考性甚高，但是無論如何，它與其它任何一種股價走勢分析方式完全一樣，都無法保證百分之百的準確。即使有人宣稱靠著精確掌握這項指標而準確預測股價，也多半屬於「事後諸葛」之流。無法完全準確的原因很簡單，因為任何技術分析都只能準確的「事後驗證」而無法百分百的「事前預測」；而且股市終究太過於複雜及多變，任何人都無法改變股市難以預測這個事實。

基金篇

股票型、債券型基金

投資共同基金時，實際的投資標的，大約可分為股票及債券兩大市場，包括分為台灣股市、國外股市、台灣債市、國外債市等四大部分。

股票型共同基金的源起，是由於許多手握閒錢的民眾，本身未必懂得如何有效操作股票買賣，或是沒有多餘的時間研究投資之道，亦有覺得交給專業經理人操作更具效益，因此將閒錢委託投資信託公司（也可經由銀行仲介）以指定投資的方式，委託專業經理人投資於股票市場。

股票型共同基金只是一個集合名詞，實際上分成許多種類，例如，「國內型」指的是投資台灣股票市場；「海外型」則是投資於美國或其它國家股票市場；「成長型」是指投資於高風險、高報酬的股票；「保守型」則主要投資於穩定成長、不易暴起暴落的中大型傳統製造業公司股票。

債券型基金的投資地區除了台灣及海外的債券市場之外，投資對象更包括了各國政府的公債、私人企業的公司債。一般而言，各國債券型基金的投資規模

皆遠比股票型基金來得大，因爲股票型基金以個人（自然人）爲主，而債券型基金則以公司（法人）爲主。造成這種現象的主因，是債券風險遠比股市低，多數企業寧願將暫時不用的閒置資金投入於不致虧本、獲利比銀行定存略高的債券市場，而不願意將錢放至可能大幅縮水的股票市場。

　　一般民眾不論投資股票型或債券型基金時，一定要清楚了解投信公司所收的手續費高低及贖回打折規定。由於投信公司及專業經理人均無法由投資人的獲利中收取利潤，而只能靠手續費維持開銷。每家公司的手續費標準及打折程度皆有不同，投資人選擇收費較低的基金公司，當然可以降低投資成本。

　　在選擇股票型共同基金時，投資人對以下幾個因素必須要多加考慮：

1. 認清自己的投資屬性究竟是高風險或低風險的承受者，將自己的需求清楚的告知投信公司，或是自行依自己的屬性選擇「高成長型」或「保守型」的基金。

2. 對於自己想要申購的股票型基金，宜事先了解在所有基金中的績效排名。在觀察時不妨以一年以上的績效做爲參考，最好選擇排名在前三

分之一的基金。如果行有餘力，也應多加注意基金經理人的口碑及是否中途更換經理人。

3. 儘管股票共同基金較適合中長期投資（贖回較不划算），但是單筆投資人仍可採波段操作，自行設立停利點，當基金淨值升至一定程度時即予贖回獲利；至於定期定額的投資人則差別不大，因為按月扣款，買進價位與實際淨值的差距較不明顯。

　　至於債券型基金的投資人則適合於銀髮族、定存族的需求，因為通常債券型基金即使扣除手續費，獲利也會比銀行定存略高些。但是要特別注意的是，自己所申購的基金投資標的是否包括信用評等不佳的「垃圾債券」。投資垃圾債券的基金，獲利會稍高於一般的債券型基金，原因便是發行公司會提供較高的利息，但是一旦這些信用評等級數較低的公司發生了償債能力不足的問題時，便會嚴重影響整支基金的獲利能力，而形成「偷雞不成蝕把米」的尷尬處境了。

財金大補帖

　　依據投信公會所公佈的民國九十二年六月份共同基金績效評比，上半年（一至六月）國內165支有績效紀錄

的上市股票型基金中，前二十名及投資報酬率依序是：1.倍立寶利（17.89%），2.大眾大眾（14.10%），3.景順中信台灣科技（12.02%），4.復華復華（11.54%），5.新光台灣富貴（10.75%），6.倍立高科技（10.51%），7.新光國家建設（10.15%），8.富達台灣成長（10.11%），9.德盛科技大壩（9.83%），10.新光競臻笠（9.81%），11.凱基開創（9.66%），12.新光摩天（8.94%），13.德盛台灣大壩（7.89%），14.國際電子（7.87%），15.統一全天候（7.55%），16.元大多福（7.54%），17.富邦價值（7.43%），18.聯邦價值（7.38%），19.怡富中小（7.31%），20.盛華8899成長（7.30）。最後一名（第165名）的報酬率為-13.51%。

在國內債券型基金方面，民國九十二年上半年無買回期限限制的72支基金中，前十名投資報酬率依序為：1.聯合雙贏債券，2.復華有利，3.復華信天翁，4.匯豐成龍，5.復華債券，6.聯邦優利債券，7.群益安穩收益，8.永昌鳳翔債券，9.中央國際寶鑽，10.永昌麒麟債券，投資報酬率在1.53%至1.09%之間。

連動式債券

連動式債券是一種強調保本、保息的投資工具。投資人的資金是以外幣指定用途信託的方式，由銀行或投信公司購買海外債券。由於債券具有穩定取息的保本功能，加上利息投資衍生性金融商品所產生可能獲利功能，使得這種不虧損、穩賺錢的連動式債券成為台灣投資市場的新寵兒。

在全球股市低迷不振、投資人虧損連連的情況下，「保本」成為廣大投資人耳朵中最想聽見的兩個字。腦筋動得快的金融業者，趁勢推出兼具保本與獲利雙重功能的連動式債券。由於強調不虧損又可能有賺頭，一時之間遂集台灣投資人的三千寵愛於一身。

連動式債券其實並不是一個什麼了不起的發明，它的熱賣只是迎合了投資人心理上的需求。實際操作的結構並不複雜，就是將投資的資金絕大部份購買不易虧損的海外債券，達到保本的功能；再用債券的利息操作「連結投資」，也就是投資高風險、高報酬的衍生性金融商品，而達到可能獲利的要求。即使投資衍生性金融商品失敗，頂多也只損失債券的利息，而

不致讓投資人的本金受到損失。

　　投資人比較陌生的是連結投資這一部分，通常代客操作的業者會將債券利息投資於匯率、利率、股票、選擇權、期貨等金融商品上，有時其連結一種，有時則交叉連結。目前較常見的是「股票型指數連動債券」、「利率連動債券」兩種。

　　其實，保本型投資的商品絕對不只是連動債券而已，市面上尚有投資型保單、外幣組合式定存及新台幣定存等。只是連動債券強調「報酬高於定存」的訴求實在太吸引投資人，因此據統計至民國九十二年六月底止，台灣已有約40億美元的資金因購買這種商品而流入海外。

　　儘管連動債券甚為吸引人，但是投資人在付諸實際行動前，一定要先清楚國內各銀行販售這項商品的內容，因為不同的商品各有不同的投資標的、保障範圍、贖回權益等規定。以保障範圍而言，目前常見的有「完全保本但不保利息」、「固定利息收益及只保部份本金」，投資人一定要想好究竟本金或收益何者為重。在贖回方面，連動式債券通常必須在到期日才可贖回，如果投資人想要在中途放棄，便可能損失部分本金，有時甚至要支付一定百分比的違約金。

　　另外，投資人必須要注意的是，由於連動式債券的型態很多，不少商品仍舊存在著投資風險，例如：收益重於保本、動支部分本金投資等商品便是。投資的風險不少，例如：發行債券的公司信用評等是否優良、連動條件適用的風險（常發生於利率連結）、匯兌風險（連動債券多以美元或其它外幣計價）、資金流動風險（投資時間相對較長，且贖回不利）等。

　　整體而言，在不景氣及股市、利率皆低的「反投資時代」，投資保本型的金融商品當然是一個可以考慮的選擇。只是廣大投資人對此應有幾個基本認知：

1.連動式債券並不是唯一的保本型投資工具。

2.部分連動式債券仍有投資風險。

3.連動式債券可細分為許多種商品，投資人仍要　細心選擇較適合自己的對象。

4.由於投資時間及贖回的限制，連動式債券較適　合手握閒錢的定存族為之。

財金大補帖

　　財政部證券期貨管理委員會繼限制台灣各證券商承作特定連動式債券後，於民國九十二年七月間又建議財政部金融局，不許各銀行主動促銷連動式債券，在銷售時也不得有「基金」兩字。

垃圾債券

購買債券或債券基金時，投資人最傷腦筋的問題之一，就是要買高利息或低利率的債券。外行人可能會覺得這個問題很蠢，當然是買利息高的債券囉！但麻煩的是，高利債券雖然賺的比低利債券多，但是說不定那一天這些債券就變成所謂的「垃圾債券」了，就像是投資股票遇到了「地雷股」而變成若干張「壁紙」一般。

債券，比起股票，風險當然是小多了。風險有兩種意義，當股市、債市都大發的時候，投資債券所得一定比股市少了許多；可是進入空頭期時，投資債市不可能讓你虧得太多，股市則可能令人傾家盪產。

投資債券時，大概有兩種選擇，就是政府公債及公司債。就債券的利率來看，也大約分成兩種：政府公債及信用良好大公司發行的低利債券、信用評等較差公司的高利公司債。

為什麼會有這種情形呢？因為在債券利率相同的情況下，每一個人一定優先選擇政府公債，因為政府很不容易垮，即使政府變天也不會對債券市場有絲毫

的影響；其次是選信用良好大公司的債券，因爲這些公司已經建立投資人的信賴感；那麼誰還會去買信用程度較低或是中小型公司的債券呢？當然，許多公司清楚自己的信用不如政府及大公司，可是又不能坐以待斃，唯一的辦法就是多給投資人甜頭吃，也就是發行利率較高的債券，讓民眾抱著「搏它一搏」的心態而掏出錢來。

當然，只要是股票上市公司，沒有不想要永續經營的，也沒有任何的公司經營階層想要發行無法買回的債券。過去的確也有很多的投資人因爲購買高利息債券而賺錢，因爲一旦這些公司的信用評等級數向上調升時，其所發行的債券價格便水漲船高了。可是，在全球經濟不景氣之際，高利息債券的風險眞的變高了，投資大師華倫‧巴菲特就特別提醒（其實是警告）投資人，千萬不要再碰高收益、高利率的垃圾債券了。

爲什麼高利率債券會成爲「垃圾債券」的代名詞呢？原因很簡單，因爲發行高利息債券的公司，最大的特色就是國際信用評等較低，也就是償債的能力相對較差，尤其在不景氣之際，因爲商品銷售業績難以提升、股價又難有起色、現金流量及週轉能力也較

差，一個不小心，就可能會沒錢買回自家發行的債券。一旦發生這種情形，投資人在債券到期日想要連本帶利地拿回錢來，卻被交易商告知這家公司無力償債，要慢慢等這家公司經營有起色時再說。不必說，您手中的債券就形同「垃圾」了。

　　其實，除了高利率債券成為垃圾債券的可能性較高之外，投資人也應該有另外一個很重要的觀念，就是這種債券的利率「高收益」與債券到期時的真正「投資報酬率」是不能劃上等號的。

　　「高收益」不等於「報酬率」這句話好像有點不合邏輯，但實際上卻有其理由。原因很簡單，第一是閣下已經知道的，即這些債券一旦變成垃圾債券時，再高的收益都沒有任何的報酬率可言，反而是血本無歸；第二個原因，便是發行債券的公司，有時會玩弄一些花招，最明顯的一招就是將本金拿來充當利息，投資人在到期日時，便會對拿回的本金及利息不如自己預期而納悶不已。對此，國際著名的信用評等公司曾做過精確的統計，在過去三年中，美元高收益債券基金的投資報酬率，平均而言反而不如全球債券基金。

　　因此，在經濟不景氣的投資環境中，如果您要買

債券或債券型基金，仍然優先選擇政府公債及優質的公司債，不但穩定獲利，而且通常投資報酬率比銀行定存利率高；至於高收益、高利率的垃圾債券，就讓那些賭性較強、敢贏敢輸的投機者去浸淫吧！

 財金大補帖

高收益債券基金（垃圾債券）於民國九十二年上半年高居台灣各類型債券基金之首，平均上揚7.98%。績效前十名的高收益債券基金，其新台幣報酬率皆在10%以上，居冠的「花旗MFS歐洲高殖益債券-A」上半年新台幣報酬率為20.09%（原幣別歐元報酬率為10.41%）。

受益憑證

在申購共同基金時，投資人便可擁有一張類似股票的「受益憑證」，也是屬於有價證券的一種。

在投資共同基金時，不論這支基金是投資股票或是債券，因爲「代客操作」的關係，您絕對拿不到任何一張股票或債券。怎麼辦呢？投資信託公司會發行一種名爲「受益憑證」的有價證券。憑著這張受益憑證，閣下投資共同基金的法律地位便獲得保障了。

「受益憑證」這個名詞當然很好聽，因爲誰都喜歡「受益」，例如，被保險人萬一不幸發生事故時，「保險受益人」就有大筆的新台幣可以領。可是在投資大環境不佳及各種基金費用照收不誤情況下，受益憑證對於許多投資人而言，早已變成「受害憑證」。當以受益憑證贖回基金時，便產生難以撫平的「受害」心理。

受益憑證如同股票一樣，很少人看過（老一輩才眞正看過股票，因爲股票早已採行集中保管制度）。在買基金時，除非投資人要求發給受益憑證，否則投信或銀行通常只給予「交易確認書」或「對帳單」。

原因很簡單，怕投資人遺失了。受益憑證一旦遺失，是一件非常麻煩的事，投資人必須至派出所報案掛失，並到法院辦理公示催告、登報作廢等，更糟糕的是，三個月、半年內恐怕都因此而無法贖回基金。

受益憑證有一項特異功能，就是像股票、保單一樣，可以向投信借款。借款（正式名稱叫作融資）額度通常在基金淨值的六成左右，缺點則是借款期限（行話稱為授信期間）通常不超過半年。因此，當您臨時需要錢，基金又處於虧損狀態時，可以在贖回之前先考慮以受益憑證融資。但是要特別注意的是，並非每一家投信都接受受益憑證融資，而且政府的立場較傾向不支持的態度。

受益憑證有時會作廢及換發，這與投資人毫無關係，乃由於台灣金融業吹起合併風潮，不僅企業、銀行、證券商會合併，投信更會合併。當兩家投資信託公司合併時，一定有一家會成為「消滅公司」，因此這家投信公司便會通知所屬的投資人進行受益憑證轉換或贖回。如果您決定繼續投資，那麼受益憑證的內容就會變更了。

另外，受益憑證其實有兩種，這是因為共同基金有「開放式」與「封閉式」兩種。前述的受益憑證指

的是一般人所接觸的開放式基金而言，至於封閉式基
金與股票交易一樣，因此其受益憑證也與股票一般，
只能在股票市場上自由買賣及轉換。

定期定額

在各種投資工具的繳款方式中，共同基金的定期定額相當與眾不同。有些類似分期付款，每個月最低繳交給投信公司或銀行新台幣三千元即可投資共同基金。對投資人有兩大好處，一是繳款輕鬆，二是不必擔心投資的時機及股價高低。

共同基金這項投資工具，早先只有單筆繳款的方式，而且投資門檻頗高。隨著基金的大眾化，投信公司及銀行不斷降低投資資格，改採定期定額的輕鬆付款方式，每個月最低繳款3,000元，即可以申購一支共同基金。

以定期定額方式申購共同基金，只要是投信公司開放的對象皆可適用，並沒有特別限制。至於投資基金的種類，雖然業者對於定期定額較適合投資於高風險或平穩型的基金並無定論，但是一般的看法是任何期限（例如：一至二十年）的定期定額都可適用於平穩型的基金，至於高風險的基金則較適合長期（例如：五至二十年）的定期定額投資方式。主要的原因便是長期投資於高風險型基金的報酬率，應優於平穩

型基金,而且長期定期定額的投資,其風險通常也小於單筆投資。

　　相對於民眾直接投資股市,定期定額式的股票型共同基金等於替投資人上了兩道保護鎖。第一道鎖就是每支共同基金皆投資於台灣或國外股市的許多支股票,即使其中遇到了地雷股或嚴重虧損,但是仍有其它眾多支股票加以平衡,使得投資人的風險降低許多。第二道保護鎖就是藉由長年按月繳費,可以分攤買進時機的風險;也就是說,愈是長期的定期定額投資,民眾愈不需要在意進場的時機是不是正確,更不需要為此而大傷腦筋。

　　儘管定期定額有降低投資風險的特性,但是投資人在實際操作時,仍然不妨掌握幾個要點,以進一步提高這種投資方式的效益。

　　首先,不論投資年限長或短,仍然儘可能選擇在股市低迷時開始申購。相對於投信公司或銀行宣稱的投資人不必在意進場時機,選擇低點進場可以稍微提高贖回時的報酬率。可惜的是,多數民眾與直接買股票一般,多半是在股市熱絡時投資共同基金,而在低迷時贖回或觀望、高檔時下場,正巧與投資獲利的鐵則相反。

　　其次，以定期定額的方式投資共同基金，雖然一般而言時限頗長，但是民眾仍然可以進行波段操作，即在一段時間後遇股市處於高檔，便可以贖回獲利；至日後股市回檔時再重新申購。如此的作法，會比長期「只問繳款、不問獲利」的傳統方式更具獲利性。

　　再者，投資人在實際操作前，仍要想清楚自己進行定期定額投資時，大約打算投資多久。如果時間愈短，就愈要花點心思在申購的時機及基金種類上；如果屬長期投資，則只要在首次申購時選擇股市相對低點即可，日後的股價起起伏伏便不須太過在意。例如，只打算投資個兩、三年，那麼最好選擇平穩型的基金，而且選擇低點申購、高點贖回；如果是儲蓄兼投資，打算持續個十幾二十年，那麼只要在申購時選擇股市低點即可，對於基金種類即日後股價波動及贖回時機，便不必太過傷神了。

贖回、轉換

在投資共同基金時，如果遇到需要現金時，就要賣掉全部或一部分的基金，也就是「贖回」。如果只是對現有的基金績效不滿意，或是中意其它的基金，那麼也可以不必贖回，而直接將原有的基金「轉換」至自己中意者。

就像現代人離婚率節節高升一般，買基金也未必要「廝守一生」或「白頭偕老」。遇到基金操作績效不佳（有些股票型基金的報酬率令人不忍卒睹）、買錯基金（銀髮族買到了高風險、高成長的基金）、缺現金（不才的兒子居然只考上私立大學，學費貴得不得了）、相中別支基金（聽說高收益債券基金有利可圖）等情形時，便需要向投信或銀行辦理「贖回」、「轉換」的手續。

在辦理贖回時，投資人一定很關心可以拿回多少錢及多久才拿得到錢？以贖回來說，不論是股票型及債券型的基金，淨值都是依贖回的次一日收盤時的價格為準，再依閣下所買的單位數計算金額。至於匯款的時間，最快的當然是國內債券型基金，隔日即可取

得；國內股票型基金，就如賣股票一般要三日才能兌現，通常要三至六日才能領到錢；時間最久的是國外各類型基金，因為要經過國外結算、匯款等手續，因此大概要七至十天才能「落袋為安」。至於贖回時是否需要支付手續費，就要看看各家投信及銀行的規定了。

至於基金轉換，就比贖回複雜一點了，因為轉換大致可分為「股票型轉股票型」、「股票型轉債券型」、「債券型轉股票型」三種，各有各的規定。但一般而言，在轉換時都是以申請次一日的基金淨值計算所謂的「回價金」（就是閣下的基金還剩下多少錢的意思），再以這筆回價金申購新轉換基金的單位數。由於這些動作要費點功夫，因此投信及銀行通常會收一點手續費。

還有一種比較特殊的情形，就是投資人不夠「阿莎力」，對於原有的基金仍然有些眷戀，此時則可以進行「部分贖回」或「部分轉換」。至於是否兩種皆可辦理贖回或轉換之後扣款的方式，就要看每一家投信及銀行的規定了。

投資人在購買共同基金時，除了觀察其過去的投資報酬率及未來的展望之外，不妨也先行了解贖回及

轉換的規定。在比較各家基金有關贖回及轉換規定時，盡量選擇以下的基金：取回現金的時間愈短愈好、手續費能免則免、適用範圍較廣者佳（可以接受任何旗下基金的全部及部分贖回、轉換）、手續愈簡單愈好、辦理地點愈多愈佳。

　　在需要贖回基金時，如果手上不止一支，那麼必然是「汰弱留強」，也就是優先贖回投資績效不好的基金。這句話雖然像是廢話，因為汰弱留強的道理可能連小學生都知道，可是實際上卻不是那麼簡單。

　　假設您手中有兩支基金，一支已賺了五成，另一支則跌到只剩下本金的兩成，照道理當然是賣掉後者，可是一定必須如此嗎？第一，如果賣掉後者，您真的捨得嗎？難道不希望這支基金日後反彈回升嗎？第二，報酬率高的這支基金，可能已來到相對高點，日後便是不漲反跌，此時先行停利贖回未必是壞事；低報酬率的基金除非投信幫您買到地雷股或垃圾債券，否則再跌的空間有限，日後止跌上漲的空間反而可能較高報酬率的基金更大。

　　因此，「汰弱留強」究竟如何抉擇，每位民眾手中基金的情況皆不相同，需要一點判斷力，以免贖回之後悔不當初。

成長型、保守型
平衡型

共同基金的名稱千變萬化，但是萬變不離其宗，基本上還是區分為投資股票的「成長型」、買債券的「保守型」及兩者兼容並蓄的「平衡型」三種。

在選擇共同基金的時候，有時不能只看投資報酬率，而要先選定種類。只選擇績效佳的基金，當然賺錢時會讓人樂開懷，可是愈會賺錢的基金，「賠錢能力」經常也不遑多讓。

例如，賺錢最多的通常是股票型基金，即使您選擇了一年期表現比較好的基金，可是在空頭大行其道的時代，由於股票市場負面因素太多，這支基金不但難以幫您賺到錢，反會容易虧錢，最佳的情形頂多只是比別支股票型基金賠得少一點而已。這時，您不該選以往報酬率高的基金，而應該選只漲不跌、只賺不賠的基金。

反之，有些老先生、老太太由於心臟受不了刺激，只敢買保本型的債券基金，因為從績效看，這一類型的基金每個月都可以穩定獲利，賺多賺少是另一

回事，至少不會賠錢。可是有些錢賺得特別快的老哥、老姐，硬是看不上這一點「蠅頭小利」，因此就不適合保守型的基金，而應該挑選成長型這一類型的基金。

市面上的數百支共同基金，形形色色，時常讓人眼花撩亂。但是追本溯源，只不過三大類而已，也就是「成長型」、「保守型」、「平衡型」，至於五花八門的基金名稱，都是由這三類衍生出來的。

「成長型基金」，通常是指投資股票的基金，投信會根據每支基金的投資特性冠以一個自認為較適合或吉利的名稱（其實基金的名稱有時就像房地產預售屋的案名一樣，並沒有什麼太大的實質意義）。其下又大致分為「積極成長型」與「成長型」兩類。積極成長型指的是風險與報酬皆高的投資對象，例如：科技類、店頭、中小型股等。至於一般「成長型」則指的是投資大型、績優股票，在長時間具有一定的投資報酬率。

「保守型」通常指的是債券型基金。由於投資債券主要是以利息獲利，報酬率不太可能為負，因此它的別名便是「收益型」基金。除了純粹投資債券之外，市面上非常熱門的「保本型」基金，也就是所謂

的連動式債券基金，是以買債券所得的利息，重新投資於衍生性金融商品；一旦投資獲利便很可觀，即使情形不妙，頂多也只虧了利息，本金仍保得住。另外一種為「貨幣市場基金」，通常投資於短天期的存款、國庫券、銀行商業本票、銀行承兌匯票等，基本上也能兼顧保本與獲利。

　　至於「平衡型」共同基金，則是同時投資於股票及債券市場。將股票高風險高報酬、債券穩賺不賠的兩種特性相互制衡，希望對於投資報酬及風險控管「一兼二顧」。

　　因此，民眾在投資共同基金時，先要捫心自問，自己是屬於那一種投資人。銀髮族及膽子較小者，當然要選擇「保守型基金」，花錢及投資不眨眼的英雄好漢，自然非「成長型基金」不買，甚至只買高成長的基金。三心兩意者只好去買「平衡型基金」。至於一般上班族，三者皆可以考慮，除了積極成長型基金例外。在自己確定屬性之後，如果在申購時弄不清楚琳瑯滿目的基金名稱，可以向投信或銀行人員詢問，自己所屬意的基金種類到底是那些。

　　另外，一位基金專家曾經說過，如果用年平均投資報酬率做設定，積極成長型可設為20%、成長型

15%、平衡型10%、收益型5%。但是，這句話遇到近幾股市低迷的情況時，可能會變成積極成長型—20%、成長型—15%、平衡型—10%，收益型—3%。其中的差別是，賣基金者經常強調投資報酬率是正數，可是實際的結果一出爐，數字卻經常是負數。

標準差、夏普指數
β指數

在衡量共同基金的表現時，除了看投資報酬率的高低之外，有三個最重要的參考指標。「標準差」有關於獲利的穩定性；「夏普指數」攸關風險；「β指數」則顯示基金與大盤的關係。簡單而言，投資時宜選擇低標準差、高夏普指數的基金。

投資共同基金時，面對五花八門的產品該如何選擇，是一般投資人最感困惑之事。多數人選擇的依據大約有兩種途徑：一是他人報明牌，像是朋友、投信或銀行積極推薦；另一則是自己根據各支基金的投資報酬率決定。

不過，這兩種方式皆有缺點。報明牌總讓人覺得心中不踏實，朋友萬一實力不足，或是胡亂推薦怎麼辦？業者雖然比較專業，但如果是基於佣金或業績而做違心之論該怎麼辦？另外，靠自己蒐集各基金的投資報酬率雖然比較實在，可是問題又來了，為什麼一個月、半年、一年的績效排行差這麼多，到底要以什麼時間為準呢？

當然，這些問題及疑惑早已存在多年，總有些聰明人會想出解決的辦法吧？沒錯，專家學者便根據共同基金的特性，歸納出「標準差」、「夏普指數」、「β指數」這三個專有名詞。不但各有所司，而且都對選擇基金有明顯的助益。

　　簡單來說，「標準差」就是基金淨值或是報酬率的波動幅度，當標準差的數字愈大時，就表示這支基金為您賺錢或虧損的起伏特別的大，反之則是波動較小。如果您不想因為投資基金而得心臟病，那麼最好選擇數字較小的基金。

　　「夏普指數」是一般人很難懂，卻非常實用的一個參考依據。「夏普」是發明者，也是諾貝爾獎得主的名字，其意義就是將基金的報酬率減去定存利率，而決定各支基金是否有對抗投資風險而產生報酬的能力。如果拿運動來舉例就比較清楚，高夏普值的基金，就好像在NBA冠軍決賽如此大的壓力下，表現仍然出色的球員；反之，在大賽中容易失常的球員，就好比低夏普值的基金。至於夏普指數的計算方式，是報酬率減銀行定存利率，再除以月標準差。如果您不懂這個公式完全沒有關係，反正只要看得懂報章雜誌上的夏普指數數字就行了。

　　至於「β指數」的意義及影響力不如標準差及夏普指數，它是基金報酬率與股市大盤指數的波動性。通常指數數字大於1時，就表示某支基金屬於積極成長型，小於1則屬於保守型的基金。

　　明白了「標準差」、「夏普指數」、「β指數」這三個專有名詞的意義後，如何選擇共同基金就有如撥雲見日了。比較理想的方式，是在基金報酬率排行、夏普指數、標準差這三者中，選擇排名皆在前四分之一者，就不算外行了，比起一般懵懵懂懂的投資人更算是專家了。說得更清楚些，就是選擇高報酬率、高夏普指數、低標準差的基金。

　　至於基金績效排行有一個月、三個月、半年、一年、二年、三年、五年、十年等不同的時期，總不能每個時期都拿來比較吧！豈不既累又煩？以台灣人的投資習性兼顧基金穩定性，以一年期為對象是一個不錯的選擇，半年或二年亦可，至少比一個月或十年來得好。

　　如果您仍然覺得如此比較太過累人，那麼就只選擇一年期的績效及夏普值吧！一樣可以選出穩健且突出的基金。反之，如果閣下時間很多，而且實在輸不起，那就把β指數一起列入參考吧！把指數較高的基金放在一旁。

淨值

「淨值」就是共同基金每單位的「淨」資產價「值」。它的數值每天隨著股票、債券價格而變動。在贖回基金時，淨值可以用來計算自己到底賺多少或虧多少錢。

　　如果您是申購一支新發行的基金，買到手到就會看到它的淨值從「10」開始，這個數字每天皆變動，每日最新的淨值可以隨時在大型、專業的報紙或網路上看到。某一天您想贖回時，如果淨值變成15，大致上就賺了一半；假設只剩下5，便表示虧了五成。

　　如果要將「淨值」做一個比較完整的定義，解釋的字會比較多一些：「是根據基金所投資的標的物，例如：股票、債券、現金等，每日的收盤價扣除基金所支付的費用後，除以該基金全部發行的單位數計算而來。」

　　實際在投資共同基金時，有一些有關淨值的常識是投資人應該知道的：

　　首先，共同基金一共有四種收費，其中的「經理費」及「保管費」是一般民眾較不清楚的，因為這兩種費用是由每天的基金淨值中扣除。也就是說，如果

您所購買的基金當天替您賺了錢，但是公布出來的淨值增加數目一定少了一些，因爲已扣掉了付給經理人團隊的經理費、及代您保管投資金額的「保管費」。當然，在投資環境惡化下，基金的績效不可能令人滿意，因此有些投資人便對「經理費」及「保管費」頗有微詞。至於另外兩種費用「手續費」、「贖回費」則是在申購或贖回時才需付錢。近年來由於共同基金競爭太激烈，投信公司及銀行爲吸引客戶上門，通常會在這兩種費用上大打折扣。

其次，有些投資人偶爾會因爲一種特別的現象而暴跳如雷或莫名其妙，就是某一天淨值出現異常、不合理的重挫，可是當天國內外股票及債券都沒有什麼特殊的狀況。原因很簡單，就是您所買的這支基金，當天除息了。這種情形就像直接買股票遇到除權或除息一般，雖然股價隔天還沒任何買賣便降了一些，可是自己手中的股票卻多了一些零股（通常要等幾個星期後才會在證券存摺或網路上自己的帳戶中看到）或會領到股息的現金支票。

再者，有些基金好像很小氣，怎麼每天公布的淨值數值非得計算到小數點第四位呢？原因很簡單，只要是投資債券的基金（債券型及平衡型），由於債券

是以利息作爲投資報酬，不像股票型是以差價爲盈虧
對象，因此每日的淨值漲跌實在是微乎其微。如果只
用小數點後一、兩位數字，投資人可能會對淨值爲何
每天聞風不動而大惑不解，因此只好「看似小氣」地
以小數點後第四位數做爲淨值變動的尾數。

基金篇
69

投資報酬率

投資股票、共同基金時，最後到底賺了多少錢或虧了多少錢，許多人老是算不清楚。用最簡單的方式來說，「投資報酬率」就是用結算時價錢先減去投資時的價錢，再除以投資時的價錢，得出來的數字再乘以100%，就是投資報酬率的百分比了。

在過去，如果要較精確的計算投資報酬率，總是一件很惱人的事情。進入網際網路的時代就方便多了，許多專業投資理財網站，都設有投資報酬率試算的服務，您只要進入站內輸入一些只有自己才知道的數字，就可以很快地得到答案了。

如果是投資股票則更為方便，目前大多數自己開戶的號子網站，都會主動將閣下所投資的股票，每一支都仔仔細細地計算盈虧，而且皆用百分比數字清楚列出，您只要輸入識別碼及密碼就可以很快的看到這些百分比數字了。不過，由於近年來台股的表現實在令人氣餒，在看之前最好先做好心理準備（而且最好自己先偷偷看，再與老公或老婆一起看），免得驟然受到刺激而頭暈目眩一陣子。

雖然已有網路試算這個服務，但是一般民眾對投資報酬率的算法稍加了解，也不是壞事。

以股票為例，計算投資報酬率的簡單公式是：（期末股價－期初股價＋當期股息＋股利－證交稅－號子手續費）／期初股票。期末股價當然指的是計算時的股價，期初股價則是開始投資的價錢。股息及股利在投資高配股、息的電子股時，一定要計算進去，否則計算出來的結果會與實際數字相去甚遠；如果手中的股票都是一些低價位的傳統股，那麼是否加進去計算則差距不大。至於證交稅與號子手續費，對於經常交易的投資人而言，必須計算進去，一般偶爾才買賣一次的民眾，則可以不必算進去。

如果是計算整體股票的投資報酬率，最好的方法就是由證券存摺或是由號子網站，找到歷年或某一段時間的買賣紀錄（隨自己意思而做設定，但是最好是優先找號子網站的資料，因為個股的數字都已包含證交稅、手續費、除權除息等數字），將所有的買進價格相加做為期初股價；期末股價則是尚未賣出的股票現價及已賣出股票的價格（部分號子網站都會清楚列出），加以計算即會得出投資報酬率。

至於共同基金的投資報酬率算法，則是：（賣出

淨值－買入淨值）×單位數×100%／買入淨值×單位數。另外，如果您想將基金的投資報酬率與銀行定存相比較，也可以換算成年利率，公式是：基金報酬率×（365／投資天數）。用這個公式計算時，不論您投資的期限是80天、或是800天，得出的結果都是以一年365天爲準的年利率，也就是年投資報酬率了。

銀行篇

存款準備率

當社會大眾將閒錢存在銀行時，銀行不可能百分之百貸放出去，而一定要保留一定比例的存款在銀行或中央銀行內，以供民眾提領之用，這筆存款便叫做「存款準備」。存款準備佔銀行所有存款的比例，便是「存款準備率」。

每當經濟出現景氣或不景氣、過熱或過冷的情形時，新聞經常會出現中央銀行決定「調高」或「降低」存款準備率若干碼的新聞。可是，到底什麼是「存款準備率」？如何決定「調高」或「降低」呢？除了金融、工商業人士能夠一目瞭然外，一般人總多少有點霧裡看花、似懂非懂的感覺。

其實存款準備率這個玩意兒的道理很簡單。一般家庭不是都常會擺點現金在家裡嗎？遇到臨時要買點飲料、管理員來收管理費、小孩要零用錢等情形時，就不必出門提錢了。銀行當然也是一樣，儘管銀行所有的交易都已經電子化及自動化，但是仍然要擺些現金在銀行內，以備有客戶前來領錢時不至於唱空城計。

一般家庭如果一個月的收入是5萬元，那麼擺個5,000元在家裡並不為過，比例是十分之一，也就是10%。銀行的比例也差不多，如果剛巧也是10%，那麼這個10%就叫做「存款準備率」了。

如果說得仔細一點，家裡所擺的5,000元閒錢是一家之主賺來的，銀行擺放的閒錢當然是客戶的存款，這個閒錢就叫作「存款準備金」；一家的收入相當於銀行的「存款」。因此，「存款準備金」佔「存款」的比例，就叫作「存款準備率」了。

當然，銀行在實際運作上會比一般家庭麻煩一些。一般家庭只要將每月薪資抽個5,000元擺在家中當成閒錢就行了，那裡會管這5,000元是來自於一家之主的「本薪」、「加給」、「津貼」、「外快」，反正都有份就是了。但是銀行可就精細多了，每一種存款都要提撥不同程度、一定比例的金額做為「存款準備金」的來源。例如：支票存款、活期存款的要求最高，通常都要拿出約兩成出來；其次是活儲存款，也要十幾個百分點；最少的是定儲及定期存款，只要拿出個位數字百分點的錢就行了。

要提高或降低存款準備率是由所謂「銀行中的銀行」—— 中央銀行決定的，那麼央行在做決定時一定

有個標準，總不能丟銅板決定吧！當央行覺得市面上的景氣大好了，老百姓花錢如流水，便會把錢扣在手上，實際的作法便是要求各銀行提高存款準備率。銀行收到命令後當然如接到聖旨般，立刻要求各分行經理要減少放款，以便將多餘的錢放到銀行的保險庫內，隨時接受中央銀行大員前來檢查。

至於實際調高或降低存款準備率時，絕對不會大手筆的來個調升十個百分點（請注意，不是百分之十，而是十個百分點，兩者的意義完全不同）、或是降個二十個百分點，因為所有銀行的存款金額太過龐大，區區一個百分點就是天文數字了。每次只能升降小數點的百分點，也就是不到一個百分點。可是依照銀行的金融作業習慣，每次升降是以0.25個百分點為單位，慣稱為「碼」。例如：央行因為最近經濟不景氣而發布新聞調降存款準備率兩碼，意思就是調降0.5個百分點，讓大家能容易向銀行借點錢花花。

存款準備率的調高或降低，對於投資人及一般家庭會產生明顯的影響。例如：當其調高時，各銀行勢必跟著調高存放款利率，如此對股市及債券市場並不是好消息，倒是對新台幣的匯率算是利多。

對投資人而言，在股市方面，由於放款利率一旦

走高，就顯示民眾及企業向銀行借錢的成本提高、或是較不易借到錢，因此投入股市的資金自然變得較少，股市指數要攀升的力道便不足。在債券市場方面，銀行調高存款利率會使得購買債券的利差變得較小，而不利於債券市場的發展。至於外匯市場，利率提高也會使得新台幣的需求變大，而造成新台幣升值、各種外幣相對貶值等結果。

　　至於一般個人及家庭，存款準備率調升後，存在銀行的錢會多一些利息，對於靠利息過活的銀髮族當然是好消息；可是對於支付房貸、車貸及信用貸款者而言，則意味著每個月要付出更多的利息了。

 財金大補帖

　　最新版的存款準備率，是中央銀行於民國九十一年六月調整，主要的存款準備率為支票存款10.75%、活期存款9.775%、活期儲蓄存款5.5%、定期儲存款4.0%。

重貼現率

相對於一般客戶以票據向銀行申請貼現,當銀行急需錢時,也必須拿著合格的票據向中央銀行請求融通,這便是「重貼現」;銀行在重貼現時所付給央行的利率,就稱為「重貼現率」。

　　一般人向金融機構借錢,除了以不動產、股票、保險單做質押或是沒有抵押的消費信用貸款之外,也可以用未到期的票據向銀行交換現金,就是所謂的「貼現」。銀行也有缺錢的時候,除了向其它銀行借錢之外,常用的手段就是以法定及客戶的票據向中央銀行請求融通,由於多了一道貼現的手續,因此稱為「重貼現」。銀行在重貼現時所付給中央銀行的利率,便是「重貼現率」。

　　銀行客戶向銀行申請貼現的票據包括:本票及匯票,但不包括支票。銀行向央銀行請求重貼現時的票據則包括銀行承兌匯票、商業承兌匯票、本票、以國庫券及政府公債為擔保品的本票。

　　決定是否調高或降低重貼現率的權力當然是在中央銀行的手中,而央行也一向將重貼現率的調整視為

貨幣政策的一個工具。例如，當央行覺得目前市場資金過於寬鬆，利率有調高的必要，便會宣布調高重貼現率；反之，則降低。

重貼現率與存款準備率有相似之處，兩者都是中央銀行影響市場利率的工具。但是兩者的差別在於影響力略有差別，也就是重貼現率的效力通常低於存款準備率。由於存款準備率的高低會影響銀行資金的水位高低，因此一旦調整，銀行便會很快的做出調高或降低利率的決定。至於重貼現率，由於只是銀行借錢的管道之一，因此重貼現率的調整是否實際影響銀行對一般民眾的存放款利率升降，要視各銀行的狀況而定。整體而言，央行調整重貼現率較具宣示意義。

當央行宣布調整重貼現率時，就表示其認為當前金融市場的利率有提高或降低的必要。如果發生於市場資金緊縮時，央行當然會宣布降低重貼現率，此時對於投資人及一般家庭的影響會有以下兩種情形：

第一種情形，就是央行在宣布調整重貼現率後，並沒有其它明顯的配套動作時，銀行通常不太會跟進，使得與民眾做第一線接觸的銀行利率並未做調整，如此就純粹只有央行宣示作用，並沒有什麼實質

的金融影響力。

第二種情形，就是央行有後續的動作，例如，調整存款準備率等措施，那麼銀行便會加以配合。例如，央行宣布降低重貼現率及銀行配合政策而調降利率後，對債券及股票市場都是利多，因為經由貸款成本的降低，會有更多的資金流向股市；新台幣匯率則由於利率下降導致需求不足，美元等外幣需求轉強，便形成新台幣貶值、外幣升值的趨勢了。

更進一步說，在不考慮政治面的變化下，投資人如果覺得市場資金不足、銀行資金太過泛濫、利率水準居高不下等情形時，便可觀察央行是否會宣布調低重貼現率或存款準備率。如果一旦調低，那麼便可考慮對股市及債市佈局，並且適度的買進外幣。當然，重貼現率及存款準備率的調整幅度愈大，對於股市、債市、外匯市場的影響程度也就愈大。

 財金大補帖

民國九十二年四月中央銀行的重貼現率的年息僅為1.625%，與民國八十四年的5.5%，明顯下降了近4個百分點。

不良授信、逾期放款
催收款、呆帳
逾放比

當民眾或企業向銀行貸款後，卻發生繳款不
正常甚至繳不出錢來時，輕重的程度變會經
過「不良授信」、「逾期放款」、「催收
款」、「呆帳」等四個程序。至於「逾放比」
則是逾期放款與銀行總放款金額的百分比。

　　台灣金融界的高逾放比與SARS病毒肆虐有異曲
同工之妙，相同的特癥便是「晚發作」。當中國大陸
及香港飽受SARS之苦時，台灣官方還幽默地大打廣
告「SARS沒有匪諜多」，接下來的醫院封院、民眾杯
弓蛇影便不在話下。前些年當亞洲金融危機發生的那
一段時間，台灣沾沾自喜於本身的金融體質健全，結
果人家沒事了，台灣便開始出現嚇人的高逾放比，甚
至一度產生金融危機。開個玩笑，台灣先後發生同屬
「大器晚成型」的SARS及金融危機。

　　一般民眾在傳播媒體的耳濡目染之下，早已對
「逾期放款」、「呆帳」等名詞耳熟能詳。可是您知道

「不良授信」、「逾期放款」、「催收款」、「呆帳」這四個名詞究竟是四而爲一或是完全不同的四件事呢？

用每一個人都聽得懂的例子來說，當您向銀行借了新台幣100萬元，可是自某一天開始不知基於何故而不再繳錢或是斷斷續續地交錢，這筆貸款的品質自然不良，在銀行的眼中自然就成了「不良授信」。當超過90天仍然不繳時，「代誌」就大條了，銀行便會列爲「逾期放款」。當客戶死拖活拖至180天時，銀行就再也按耐不住而將之列爲更嚴重的「催收款」，也就是不再只客氣地通知客戶繳錢，而是開始祭出法律追討的動作。當催收一段時間仍然收不回全部金額時，在扣除已追回的部分後，便轉爲「呆帳」。因此，大家在看報紙時，一定只看到銀行「打消呆帳」而不會見到記者寫成「打消逾期放款」或「打消催收款」、「打消不良授信」等文字，因爲到了呆帳這一階段，銀行的心情是「寡婦死兒子，沒指望了」，只好用本身的盈餘以打消這些呆帳、壞帳。

至於「逾放比」的全名就是「逾期放款比例」，也就是逾期放款金額與總放款金額的比例；更具體地說，便是逾期放款金額除以總放款金額所得出的百分比數字。在最嚴重時，台灣本國銀行的逾放比數字超

過10%，至民國九十二年四月底，則降到了6%左右，原因就是各銀行將呆帳「大打特打」，這也就是這兩年來本國銀行的盈餘數字及股價難看的根本原因。

在台灣金融界高逾放比的發展中，有兩個現象不但有趣，而且具影響力。第一個現象，就是台灣官方的逾放比數字與國際間的算法是南轅北轍的，也就是說，國際間認為台灣真正的逾放比數字大約高出台灣官方公布的一倍，也就是台灣的數字乘以2。此話怎麼說呢？因為台灣方面，認定超過90天未繳本金、或是180天未繳利息，才算是問題資產，可是國際標準卻比較嚴格，只要90天未繳本息，就被算是問題資產。更麻煩的是，國際間甚至認為客戶虛與委蛇而要求延長繳款期限的「協議展期」、與銀行催收所得到的「承受擔保品」也要算在內，因此雙方對於逾放比數字的出入便很大。

另外一個現象，就是銀行在近兩年來致力打消呆帳之際，另外一種也很恐怖的呆帳卻隱然成形中，這便是信用卡呆帳。形成的原因，是銀行近年來已不太敢多借錢給一般企業，倒是拼了命的發行信用卡。許多民眾在努力刷卡消費、用現金卡借錢之餘，陸續出

現「寅吃卯糧」的入不敷出現象,難以每個月按時還錢,加上信用卡盜刷造成銀行的損失。這些信用卡發行浮濫、消費過度、還債困難等現象日益嚴重,有朝一日可能會出現力道不小於企業呆帳的殺傷力。

直接金融、間接金融

不論是企業或民眾運用資金，例如，借錢及存錢，都必須倚靠金融市場。金融市場及體系有兩大類型：股市、債市、票券市場提供直接籌集資金的功能，稱之為「直接金融」；銀行雖然與民眾面對面接觸，但是扮演的角色卻是中介資金，因為屬於「間接金融」。

如果您想辦一家企業，先決的條件當然是「有錢好辦事」，可是天下很少人在創業階段便有充足的資金，於是只好借錢。但是總不能老是向親朋好友告貸，何況他們的資金也不一定夠，於是只好向金融市場伸手。

籌集成立公司最直接的方式，便是取自於「直接金融」。例如，公司在成立初期便可發行股票，由股東及投資人認購；如果規模合乎上市、上櫃的要求，籌錢的管道便更大，可以直接以股票向社會大眾集資，因此很多人都說上市、上櫃公司做的是「印股票，換鈔票」的行業。公司成立時也可以發行公司債，提供國內眾多的法人、民眾購買，事先言明發行

的年限及預定的利率,這也是直接取得資金的一種方式。以發行票券在票券市場籌錢,當然也是企業集資的一種方式。反正無論是股市、債市、票市,都可以「直接」取得資金。

相對的,儘管多數民眾與銀行往來的經驗多於股市、債市、票市,但是在取得資金的過程中,銀行終究是扮演著「間接」的中介角色。原因很簡單,銀行本身的錢並不能輕易動用,而是拿存款戶的錢貸放出去。銀行經理人站在存款戶與借錢者之間,對於借錢者會進行抵押種類、授信額度、利率高低、還款期限等諸多要求,以保障自己及存款戶的權利。

在台灣,過去一直是「間接金融」重於「直接金融」,因為台灣股市、債市、票市的發展時間並不算久,遊戲規則也未完全建立;因此企業成立公司時,常會覺得向銀行等「間接金融」管道借錢比自股市等「直接金融」途徑較為容易。在先進國家,由於股票等資本市場已發展多年,公司上市發行股票、民眾投資股票、公司賺錢投資人獲利等觀念早已深入人心,因此「直接金融」的比例普遍高於「間接金融」。

在台灣,「直接金融」比重逐漸上升,「間接金融」比例日漸下滑,除了向國際看齊之外,也有一些

必然的因素。例如，很多企業都不太願意向銀行借錢，因爲在低利甚至微利的時代，銀行所反應出的降息幅度難以令人滿意，企業寧願向活潑的債券市場籌資，最常見的方式便是發行海外可轉換公司債。另一方面，銀行對台灣的傳統產業已不再具有信心，使得銀行貸款的功能縮水，銀行青睞的高科技廠商，需要錢時又不見得非向銀行借不可，而是優先從債市、股市籌錢。以台灣「直接金融」佔整體金融比重正往三成邁進，未來將可望與銀行的「間接金融」分庭抗禮。

存款保險

任何一位民眾，只要在任何銀行存款，即使銀行倒了，這些存款也會受到保障而拿得回來。最重要條件是，保障額度在新台幣100萬元以內。這便是所謂的「存款保險」。

由於民眾的金融常識愈來愈豐富，加上媒體經常報導，因此多數人早已知道在銀行存款時，可以獲得最高額度新台幣100萬元的保障。

不過，有關「存款保險」並不只是「保障100萬元以內的存款」如此簡單而已，有些細節您可能未必完全清楚。

例如，張老闆如果在某銀行存了200萬元，萬一不幸遇到銀行倒了，其中的100萬元只好認賠了事，可是他認為拿回的金額應該不止100萬元，而是應加上100萬元的存款利息。如此可以嗎？當然不行，因為存款保險只保障本金，而不保障利息。

又例如，李經理在某外匯指定銀行存了美金10萬元，另外也買了新台幣50萬元的基金，還有新台幣30萬元的可轉讓定期存單。在銀行出了問題之後，李經理雖然投入銀行的資金遠超過新台幣100萬元，但是

至少總拿得回來100萬元吧？不好意思，一毛錢也拿不回來。因為這些錢在中央存款保險公司的眼中，沒有一項屬於「存款」。

那麼放在銀行的錢中，究竟那些算「存款」、那些又不算呢？受到存款保險保障的存款，常見的有四種即支票存款、活期存款、定期存款、儲蓄存款（含郵政儲金），至於另兩種存款唸起來比較拗口，分別是「保本保息之代為確定用途信託資金」、「其他經主管機關核准承保之存款」。

至於不屬於「存款」的存款（唸起來也怪怪的），與個人較有關係的是外幣及外匯存款、指定用途的信託資金、可轉讓定期存款；與法人有關的是政府機關存款、金融機構存款、中央銀行存款，最後一項也是很難解釋的「其他經主管機關核准不予承保之存款」。

比較需要特別注意的是共同基金。共同基金當然是屬於不在保險範圍內的「指定用途信託資金」，但是有些投信為了爭取商機，會將投資人的錢獨立設置存款帳戶，如此便可視同「存款」。因此，民眾在買基金前，一定要先向投信或代銷的銀行問清楚，自己的錢是否有受到保障。

　　另外一種情形是，如果你在三家銀行都存了錢，而且三家存款分別是新台幣50萬元、120萬元、30萬元，總額200萬元。萬一真的運氣太差，三家都倒了，那麼是否三家的錢都可以拿得回來？又能拿得回多少呢？答案是三家的存款都受到保障，拿得回來的金額是180萬元，至於另外的20萬元，因為超過保障額度而「肉包子打狗」了。

　　還有人會擔心一種情形。若閣下在某家銀行存了70萬元，配偶以自己的名義存了90萬元，令郎也以自己的名義存了30萬元，如果銀行一旦倒了，會不會來個「總歸戶」，一家人只能拿回100萬元呢？當然銀行沒有「總歸戶」的權利，你們一家仍然可以拿回190萬元，一毛錢也少不了。

　　很多人質疑，天下事都是羊毛出在羊身上，存款保險這種「好康」難道不是用到存款戶的錢嗎？為什麼我們都沒有任何感覺呢？很簡單，存款保險這筆錢是「國家請客」，也就是由財政部、中央銀行共同成立中央存款保險公司，反正錢是他們出的就對了。

　　當然，民眾還有最後一個問題，就是銀行倒閉時，自己存款超過新台幣100萬元的那部分如何是好？用白話文來講便是「慢慢在家等消息」；換成官

方的文言文就是「存保公司將以清理人名義發給一般
債權證明書，俟清理後再依法分配」。以閣下高超的
中文閱讀能力，了解了嗎？

世界卡、無限卡

台灣信用卡變得愈來愈尊貴了，從最早大多數人都可申請的「普卡」，經過有一定年收入金額的「金卡」，發展至高收入者才能成為會員的「白金卡」。現在更出現億萬富翁才能手持一張的「世界卡」及「無限卡」。

　　台灣的信用卡市場由於銀行之間競爭相當激烈，使得五八花門的信用卡相繼出籠。除了多數人早已熟悉的「普卡」、「金卡」外，數年前開始出現年收入要在新台幣130萬元以上才能申請的「白金卡」。孰料白金卡的威風沒出太久，市場上便出現頂級的「世界卡」與「無限卡」。

　　許多人都會好奇的質疑，既然是頂級的世界卡，怎麼還會有世界卡與無限卡如此的「雙胞案」呢？因為在全世界數個發卡組織中，與台灣往來最密切的便是威士（VISA）與萬事達（MASTER），總不能要這兩個死對頭合作發行同一張頂級信用卡吧？因此，威士組織推出的叫做「無限卡」、萬事達的則稱為「世界卡」。

　　無限卡與世界卡之所以特別尊貴的原因，除了提

供眾好「好康」的服務之外，有兩項屬於「帝王級」的特殊待遇：一是採邀請制，二是無消費限制。

所謂的邀請制，就是「您來申請我不准，我發通知請您進」。因此市面上看不到任何世界卡及無限卡的申請書，即使您打電話或親至銀行索取，大概都會碰上個軟釘子。目前台灣各家銀行訂立頂級卡的客戶資格，包括存款餘額在100萬美元以上，更高的是總資產在300萬美元以上。也就是說，如果您的存款沒有個新台幣3,000萬元以上，就不必妄想手中有張世界卡或無限卡，財產上億者則是最標準的頂級卡客戶。在發卡前，銀行會先蒐集台灣富豪的資料，然後主動發出通知，邀請這些富翁加入成為會員。

話雖如此，可是凡事「有原則必有例外」。有些銀行為了搶生意，也難免做出「破壞行情」的舉動。例如，有部分銀行新推出的無限卡，只要年薪超過新台幣200萬元，便可以申請，甚至免年費。如此的作法造成兩種反應，「小富者」反應熱烈，因為也可以弄張無限卡把玩一番；可是「大富者」便覺得如此發卡未免壞了頂級卡的名聲。

無消費限制也讓人倍感尊榮，不過認真推敲後仍屬於「廣告用詞，參考即可」。一方面，許多的無限

卡及世界卡仍明白訂立最低的信用額度為新台幣70萬
元；也就是說，有些並不屬於電子新貴、傳統產業老
董級的中產階級，刷卡時仍然不得超過新台幣70萬
元。至於億萬富翁，雖然備受銀行禮遇，可是如果真
有人刷個新台幣5億、10億元，銀行仍會左右為難，
萬一此人或其公司突然出了財務問題可怎麼得了。因
此，雖說刷卡無限，可是銀行仍會與這些老闆級的人
物，依其財務實力，定出個最高刷卡額度，如要臨時
追加，要再與銀行通個電話聯絡一下。

　　除了邀請制與無消費限制等訴求外，無限卡、世
界卡的服務內容也頗令人動容。例如，常見的貴族般
尊榮服務有：二十四小時專屬秘書（午夜三時可請其
買禮物送給小情人）、新台幣一億元的保險總額（還
包括少見的高爾夫球一桿進洞險）、提供頂級醫療美
容服務（安撫太座的最好方式）等。

　　很多人會覺得好奇，台灣究竟有多少人才有資格
申請無限卡、世界卡呢？如果以較高的標準、也就是
個人總資產在新台幣1億元以上，頂多只有20萬人有
資格。如果以較低標準，也就是存款餘額在100萬元
以上，甚至如部份銀行允許年收入在新台幣兩百萬元
以上，那麼人數就甚為可觀了。

財金大補帖

至民國九十二年七月底止，台灣發行世界卡的銀行包括國泰銀行（提供最高達新台幣1億元的保險保障）、中國信託商業銀行等。發行無限卡的銀行則有台新銀行、誠泰銀行等。

信用卡代償、現金卡

「信用卡代償」就是銀行發一張新的信用卡給您，並且代為還掉您先前使用別家信用卡所刷的錢。「現金卡」就是銀行給您一張卡及一定的額度，隨時需要錢就可以至提款機領錢。

「信用卡代償」及「現金卡」都是銀行投民眾所好而推出的新型金融產品。乍看之下，銀行好像是站在自己這一邊，非常替自己著想。當自己刷卡消費不少錢，又嫌利息太高，就會有銀行「貼心」地提供您一張新信用卡，用「看似」很低的利息幫您還債。可是信用卡預借現金的額度不高，申請貸款又很麻煩，這時又有銀行向您推銷「現金卡」，讓您在臨時缺錢時救急用。

在廣大的信用卡使用者眼中，「信用卡代償」似乎只有優點而沒有缺點，或者至少優點遠多於缺點。因為只要申請到一張新的代償信用卡，第一年的代償利率通常不到12%，甚至有的銀行推出代償零利率的優惠，比起原有信用卡消費時要支付20%的利息，實在太過吸引人了。

但是銀行終究不是省油的燈，天下也沒有白吃的午餐，銀行提供信用卡代償服務的真正動機是「放長線釣大魚」。站在銀行的立場，信用卡屬於消費金融，是當前不景氣中最賺錢的商品，而那家銀行掌握最多的信用卡客戶，誰就能立於不敗之地；至於代償時所支出的成本，銀行絕對賺得回來。對於持卡者來說，雖然一時之間可以省了一部分的付款利息，可是許多人面對信用卡代償的誘因而心生鬆懈，在後續猛刷卡之餘，忘了任何新增的消費仍是以20%的高利率計算，更別提信用卡代償仍要按月或按筆的繳交支出手續費用。

　　在銀行的「鐵算盤」中，以信用卡代償至少要使用一年來看，先給持卡人一點代償低利率甚至零利率的甜頭，日後可以賺到持卡人新消費的循環利率。因為以台灣民眾的信用卡使用習性，很難做到只代償前債而不做新的消費。也就是說，用些許的代償成本，便可以輕易地挖其它銀行的客戶，而且這些新客戶的新增信用卡消費通常也相當可觀，因此自然是划算的生意。

　　至於現金卡，不論各銀行的卡片名稱叫做「救急現金卡」、「即時現金卡」、「國民現金卡」、「魔力

卡」、「A現金卡」、或是「金太郎現金卡」，服務內容皆大同小異。一般而言，就是提供使用者新台幣1萬元至100萬元之間不等的借款額度，利率在14%至20%之間，讓民眾可以在急需現金時至自動提款機領錢，但是需要支付每筆新台幣100元的手續費。

相對於現金卡「容易借錢」的好處，其缺點「容易花錢」的後遺症及殺傷力實在不小。純粹就效益面來看，其利率比一般貸款高出不少，並不是划算的交易。以心理面而言，就是因為借錢太過容易，便容易激發人們的借錢及消費慾望，而忘了現金卡的使用指南應是「救急不救窮」而不是「先借了再說」。

儘管信用卡代償及現金卡各有優缺點，但是在使用時可以掌握一些原則及竅門，可以讓自己不吃虧或少吃一點虧。

在信用卡代償方面，可以先後申請不同的卡片，一一享受代償的較低利率，對此銀行通常不會拒絕。另外，切記在代償之餘，盡量不要增加新的刷卡消費；即使非刷不可時，心中一定要記得這些新的消費，利率會自動恢復至約20%的水準，而不再是代償時的較低利率。

至於現金卡，一定要切記「救急不救窮」的金玉

良言，非到必要時不輕易的提領現金。一旦借了錢之後，要記得銀行是「以日計息」，因此最後一有錢時便還掉，否則累積的利息是相當可觀的。

銀行篇

指數型房貸

當民眾紛紛抱怨房貸利率居高不下、還款壓力令人透不過氣來之際，銀行投其所好推出的「指數型房貸」，就是以銀行定期儲蓄平均利率做為「指數」，另外再加碼。如此不但房貸利率會變得較低，而且還會隨著利率的變化而隨時更動。

　　房屋貸款以往一向是購屋者較為吃虧。銀行的心態看似吃定了貸款戶，不但利息偏高，而且每當降息時，貸款利率總是跟不上存款利率的腳步。因此民眾經常抱怨，反正與銀行往來時，吃虧的一定是民眾。

　　可是這種情況因為一個情況而大幅改觀，就是銀行家數太多、彼此競爭太過激烈。因此，有些房貸生意做得比較少的銀行，就想出了「挖牆腳」的主意，先後利用「房貸搬家」及「指數型房貸」兩種手段，拉攏別家銀行的房貸客戶。

　　「房貸搬家」與信用卡代償利息的道理類似，就是以較低的房貸利率，吸引別家的客戶上門，但是要收取手續費。「指數型房貸」則是更具體的以一個利

率較低的指數，做為民眾的房貸利率指標。

多數銀行所推出的指數型房貸，就是若干家銀行的一年期定期儲蓄存款固定利率做為指標，再做一定程度的「固定加碼」，便成為房貸的利率了。 例如，某家銀行選擇十大行庫的一年期定儲固定利率1.5%做為「房屋貸款指標利率」，再「固定加碼」1.8%，兩者相加而為3.3%，便是這家銀行指數型房貸的利率了。

指數型房貸最誘人之處便是以定儲固定利率做為指標，因為定儲的利息當然很低，拿定儲的利率與房貸利率相提並論，當然讓人覺得受用不盡。但是，銀行當然不會真的笨到如此地步，實際上這只是個「餌」，真正的好戲是「固定加碼」，通常範圍在1.95%至3.75%之間。

儘管整體而言，指數型房貸是比以往傳統的房貸，在利率上的確較為優惠，可是其中仍有一些變數，會影響到最後確定的利率百分比。第一個變數是「房屋貸款指標利率」每家銀行各不相同，這是因為各家銀行選擇一年期定儲固定利率的標準不一，例如：有的選擇十家，有的只選擇八家；甚至也有銀行提出看似更優惠的措施，即以若干家銀行與本行一年

期定儲固定利率相比較，採取較低者做爲指標。第二個變數影響力更大，便是「固定加碼」的百分比數字，通常銀行會看貸款戶的個人條件及房屋現況而決定具體的數字，例如：個人信用良好、屋況良好，便會獲得比較低的利率，因爲銀行遇到好客戶、好房子時的貸款風險會比較低些。

民眾在選擇指數型房貸時，當然首先要比較各家銀行的指標利率，然後最好不怕麻煩地詢問對方自己的固定加碼利率是多少，如此便可以了解那家銀行給自己的利率最低。其次，比較一下各銀行的指數型房貸利率調整週期，有的每個月調整一次，有的三個月才調整一次。順便也比較一下貸款期限、還款方式等。第三，如果是舊的貸款戶，便非常可能必須房貸搬家，要稍微計算一下不同銀行之間指數型房貸利率與房貸搬家手續費之間的關係，然後選出綜合兩者之後對自己最有利的銀行。

指數型房貸及房貸搬家，當然對於民眾都是好事。但麻煩的是，沒有人、更沒有銀行可以非常精確的保證找那一家銀行對你最有利，因爲每家銀行的規定、自己及房屋的狀況並不一樣。最好的方法是，抱持著「錙銖必較」與「天助自助者」的心理，花些時

間及精力，自行找出對自己最有利的銀行。如此雖然
會很傷神，但是想到日後還款較爲輕鬆，絕對是值得
一試的。

財金大補帖
以大型行庫民國九十二年七月指數型房貸主要利
率水準爲例，第一銀行首年爲2.8%，第二年3.19%，第三
年最低爲3.725%；台灣銀行前兩年專案爲固定爲2.845%，
其後爲3.299%至6.050%；華南銀行前兩年固定最低爲
3.3%，其後在3.55%至5.65%之間；合作金庫專案前兩年固
定爲3.0%，第三年起爲3.675%，或是前兩年機動3.5%，第
三年起爲3.675%，一般客戶前兩年爲3.575%，第三年最低
爲4.575%；彰化銀行前兩年固定自3.2%起跳，第三年起恢
復自3.88%起；土地銀行前兩年台北地區新客戶一律機動
3.5%，舊客戶機動3.93%，其後台北地區爲4.90%起。

各銀行詳細的指數型房貸資訊，可以參考中央銀行網
站http://www.cbc.gov.tw/ 的「利率及準備率」連結。

固定利率、機動利率
牌告利率
基本放款利率

無論是存款或貸款時，如果利率是不變的，便稱為「固定利率」，如果隨著銀行的利率而變動則是「機動利率」。銀行大廳都有一個公布各種利率數字的牌子（通常是電子看板），所公布的內容便是「牌告利率」。至於「基本放款利率」則是銀行給最優良客戶的短期貸款利率。

民眾與銀行往來時，最常打交道的除了信用卡之外就是存款與放款。存款、放款都很簡單，反正就是存錢與借錢罷了，可是一遇到利率的問題，大家的頭就變大了。為什麼？因為只要行員問閣下：「您要選擇固定還是機動利率呢？」除了心理早就準備者外，相信多數民眾會當場發呆，就好像小學生被老師問得瞠目結舌一般。

乍看起來，「固定利率」與「機動利率」這兩個玩意兒好像有點「天下本無事，庸人自擾之」的味道，可是仔細一想，這兩者還真的缺一不可。例如，

張三以「固定利率」存了錢，日後銀行宣布調升利率，張三一定馬上跑到銀行臭罵行員一頓：「為什麼利率升了，我的利息卻紋風不動呢？」反之，如果李四在銀行以「機動利率」存了錢，當日後利率降了，李四也可能向行員抱怨：「喂，我是老榮民，那搞得清楚利率是升或降，麻煩您就行行好，讓我的存款利息固定一下，免得我老人家經常擔心受怕。」

其實，對於略具金融常識的民眾而言，固定利率、機動利率還真的是頗為實用。用小學生都懂的方式來說，就是覺得利率要降了，存款就選擇固定利率，免得利息愈來愈難看；貸款就選擇機動利率，因為以後每個月的錢都可能愈繳愈少。反之，當判斷利率要升了，存款就選擇機動利率，以後每個月看對帳單時都會不自覺得笑了出來；貸款便選擇固定利率，因為如此就可以「別人多付我少付」。

當然，對於腦筋特別發達的人來說，可以選擇更複雜的所謂「半固定利率」方式，也就是一開始的某段時間採固定利率，日後再約定選擇機動利率。

選擇固定或機動利率時，判斷利率未來會走高或降低是關鍵。對此，一般人除了自行判斷、多看媒體報導、請教親朋好友甚至銀行行員外，還有一個「小

撇步」，就是銀行存款固定利率如果高於機動利率，通常不久後利率便會上揚，反之則下降。原因很簡單，因為銀行一定要「吾致力於利率革命，務求機動利率與固定利率相符也」。如果兩者的百分比數字差距過大，聰明人一定視存款或放款而選擇對自己較有利者，銀行豈不就虧大了？

至於「牌告利率」就是銀行營業大廳櫃台後面那塊很醒目的電子式看板，上面都是些密密麻麻的文字及數字。通常牌告利率會註明活期、定存、定儲等三種存款利率，另外加上基本放款利率，讓民眾能夠對當日該銀行的主要利率數字一目瞭然。

至於「基本放款利率」則是所有放款利率的「老祖宗」，因為其它利率都要看基本放款利率的「臉色」行事。不過，當您看到這個利率的數字很低時，先不要高興得太早，因為它就像一般商品中的「非賣品、只贈送」一樣，只有銀行眼中信用最好、條件最佳的客戶才能享用，一般人很難受到基本放款利率「關愛的眼神」。

 財金大補帖

根據中央銀行「金融統計月報」，民國八十一年與九十二年四月的銀行利率水準，可看出下降的幅度。一個

月期存款牌告利率由5.45%降至1.17%、一年期存款牌告利
率由7.79%降至1.54%、基準利率（以往指基本放款利率）
則由8.29%降至3.66%。

法拍屋、銀拍屋
金拍屋

在不景氣的時代,凡事皆以省錢為上,無論
是買法院拍賣、銀行拍賣、金融資產服務公
司拍賣的所謂「法」、「銀」、「金」拍屋,
都很有可能揀到俗擱大碗的房子。

　　隨著經濟不景氣,有愈來愈多的屋主因繳不起房
貸而遭拍賣。這些房子因為急於出售,因此拍賣的價
格通常會比市價低了不少,成為無殼蝸牛、換屋者甚
至投資者的理想購屋對象。

　　法拍屋是民眾早已耳熟能詳的,銀拍屋是前幾年
開始興起,金拍屋則是全新上陣。這三者雖然都是拍
賣屋,但是在拍賣單位、投標方式、保證金、底價、
點交狀況都不太一樣。有興趣的民眾最好能了解三者
的特色及優點,以標到最適合自己需求的拍賣屋。

　　在拍賣單位方面,法拍屋顧名思義,當然是由法
院執行拍賣;銀拍屋則是各銀行收回繳不出貸款的房
子,委託不動產拍賣公司或是自行拍賣;金拍屋則是
由台灣金融資產服務公司出面執行拍賣事宜。

　　投標方式,三者也有分別。法拍屋是由民眾預先

以投標單投標，每個人所出的底價都不公開；金拍屋
也是如此，因此都需要事先做一些功課；銀拍屋則是
在拍賣會現場公開舉牌競標，所有參加拍賣的民眾都
可以增加投標金額，直至得標為止，因此現場氣氛較
為刺激。

　　所有的房屋拍賣會上，競標者一定都必須繳交保
證金，否則遇有開玩笑的民眾得標豈不是麻煩一件？
金拍屋及法拍屋的保證金都是底價的兩成，銀拍屋則
是每戶六萬元。以拍賣屋的價格大都在新台幣五百萬
元以內，這三種拍賣屋的保證金其實差別並不大。

　　民眾最關心的當然是底價高低。法拍屋及金拍屋
各由法院及金融資產公司鑑價，只要流標一次，底價
便自動減價兩成，但是當底價低至一定程度時，便會
停止拍賣，否則聰明的競標者都「按兵不動」，豈不
出現每戶只要幾萬元的房子？銀拍屋的底價則通常為
市價的六至七成，如果賣不出去，銀行便會另行處理
了。

　　至於非常重要的點交情形，最理想的是銀拍屋，
銀行保證清清楚楚的點交，不會有閒雜人等早在屋內
「恭候」的情形。金拍屋及法拍屋則不保證全部點
交，因此經常發生房屋被佔用的麻煩事。

在這三類的拍賣屋中，如果民眾想要揀到真正的便宜貨，當然可以優先選擇法拍屋及金拍屋，因為這兩者的價格會隨著屢次的流標而下跌至頗為合理的程度。在參與這兩類拍賣屋時，如果您不想成為其它競標者的「眼中釘」或「人人喊打」的對象，最好不要在第一次或第二次的拍賣會上便出高於底標的價格，免得別人罵您「破壞行情」，最好等到第三標以後再出價。即使有人在前兩標便得標，也不後悔，反正經濟實在太不景氣，拍賣屋多如過江之鯽，出高價的凱子就讓別人去當好了。

如果您很怕遇上點交不清的麻煩，那麼當然要先選擇銀拍屋了。由於產權屬於銀行，而不像法拍屋、金拍屋有時所有權仍為債務人，自然不會有所有權及點交的問題。可是銀拍屋的價格不是比較硬嗎？有一個竅門，就是當銀拍屋拍賣流標時，可以主動的與該銀行聯絡，表示自己有購買的意願，大家坐下來之後凡事就好談了，畢竟銀行也希望旗下的逾放屋及早處理掉。

外匯篇

保證金交易

您是不是經常聽到「高風險」、「高財務槓桿」等名詞而覺得有些嚇人呢？「保證金交易」就是非常典型的例子。買賣外匯時，您除了老老實實的用本錢買賣美元，也可以只繳一點點的保證金，就可以買賣十倍甚至二十倍的外幣。但危險的是，如果看得不準，保證金這個老本就會被吃得光光的。

　　一般談到投資時，不論賺錢或賠錢，大概都是用百分比來表示，通常賺賠個兩、三成便算不少了，如果達到五成以上，多數人不是大哭就是大笑。可是有些投資工具就是非常特別，手風順的時候可以賺個一、二十倍；可是手氣背的時候呢？對不起，本錢一毛錢也拿不回來，買到地雷股、進行外匯保證金交易皆是代表作。

　　「保證金交易」最早運用於外匯買賣上。從字面上解釋，就是你我付出一點「保證金」之後，就可以買賣外匯了。可是您可能會覺得奇怪，買賣外幣不就是拿出新台幣買美元，或是賣美元換回新台幣，幹麼還要交什麼保證金呢？因為保證金有一個特異功能，

就是可以「以一當十」，也就是一塊錢可以當10元、甚至20元來用。

舉個簡單的例子，如果閣下看好美元將要升值，想要買個10萬元美金，日後升值時就可以賺到不少差價。可是偏偏自己手頭上不爭氣，只有35萬元新台幣（約1萬元美金），想向親朋好友借錢，可是經濟不景氣，大家都沒有什麼閒錢。這時您便可以至銀行進行外匯保證金交易，只要將1萬美元開個保證金交易戶頭，就可以開始針對一個特定的匯率下單，而買進10萬美元（存1萬美元可買10萬美元）。日後如果美元真的升值了，不必計算10萬美元賺多少，更不必真的再交10萬美元，只要計算這10萬美元的匯率差價就行了。反之，如果美元不升反貶，銀行就會檢查一下您的虧損情形（用10萬美元的標準檢查，而不是用1萬美元的標準）。如果損失超過5,000美元（50%），銀行就會提醒閣下再追加保證金，如果虧損達到7,500（75%）美元，銀行便會代您斷頭（賣出），如此您的血汗錢就從此石沈大海了。

因此，保證金交易是一個標準「以小搏大」的投資工具。它的最大優點在於你可以做發財夢，而且這個夢遠比股票信用交易的融資、融券大得多；其缺點

則是，發財夢如做不成，便很可能落得個血本無歸的下場。

在台灣各家承做外匯保證金交易的銀行中，目前開戶的最低金額大都是美金1萬元，承做的倍數通常為十倍，最高為二十倍，可以買賣的幣別，包括美元、日圓、歐元、港幣、紐西蘭幣等，但是每次交易只能選擇兩種貨幣比較差價。交易的方式可以先買後賣，也可以先賣後買，悉聽尊便。比較麻煩的是，自己要時常注意匯率變動時自己保證金的剩餘價值；如果匯率照著自己的意思走便沒關係，如果匯率不聽話，自己又不注意保證金還剩下多少，那麼銀行一旦通知補繳保證金時，便容易手忙腳亂。

由於保證金交易具有超高風險的特性，因此它並不適合一般投資人操作，而比較屬於外匯投資老手的天地。如果閣下屬於「學海無涯」這一型勇於嘗試的投資人，手上又有一些可以虧得起的閒錢，那麼就小玩一下吧！在玩外匯保證金交易時，首先要選擇操作倍數，未必一定要十倍，小玩兩、三倍也無不可。其次是要了解本金的風險，外匯匯率的變動通常會在兩成以內，再加上您所設定的倍數，就可以算出最大及最小的盈虧了。另外，下單買賣外匯時最好能「事必

躬親」，也就是由自己決定買賣的時機及次數；如果
「假手他人」時，銀行的業務員可能會因為猛賺手續
費而頻頻的幫您買進、賣出，而容易發生本錢虧了、
手續費照繳「賠了夫人又折兵」的窘況。

升值、貶值

新台幣對美元及其它外幣的匯率，經常處於波動的情形。新台幣需求強勁時，自然呈現升值走勢，反之則貶值。比較常讓人混淆的是，新台幣升貶與數字的關係。當新台幣的匯率數字變小，即為升值；如果數字變大，則為貶值。

　　由於各國皆有其貨幣，例如，台灣有新台幣，美國用美元，歐洲主要通用歐元，日本則使用日圓，其它常見的各國貨幣單位尚有人民幣、法郎、克朗、盧布、匹索等。各國之間因為貿易、旅行而發生兌換的問題，因此便產生匯率；既然有匯率，各國貨幣之間的兌換匯率便經常升值或貶值。

　　以民眾較熟悉的新台幣兌換美元的匯率關係，當新台幣需求高於美元時，新台幣便會升值，升值的幅度視需求程度而定。這種需求的原因分別源自於對外貿易的出超或入超、熱錢流出入的比較、政府匯率政策等因素。

　　例如，當台灣對外貿易呈現出超時，因為美元多而新台幣少，新台幣就會由於求過於供而升值；當國

外熱錢大幅流入台灣時，也會發生類似的情形。如果新台幣對美元匯率因此而由35元比1美元調整為34.9元比1美元，就是新台幣升值了1角美元。反之，假設新台幣對美元匯率由35元調整至35.2元，那麼新台幣就是貶值了0.2美元。

　　新台幣對外幣的升值與貶值，對於台灣而言各有利弊，因此每當匯率變動時，都可用「幾家歡樂幾家愁」來形容。簡單來說，當新台幣升值時，一般民眾是受惠的，因為出國時會發現新台幣變大了，在台灣買進口貨品時也覺得更為便宜了；可是卻苦了出口貿易商，因為台灣出口競爭力會隨著新台幣的升值而降低。

　　在投資理財方面，新台幣的升貶會對不同的投資工具產生正負面的不同影響。當新台幣升值時，喜歡操作外匯的民眾當然就是拋出手中美元的時機，等到升值告一段落時再重新換成美元；對於股市則偏空，主要的原因是台灣出口產業會受到新台幣升值的衝擊，各公司的營運數字不會太好看；另外對債券市場也是比較偏空。值得注意的是，當新台幣貶值時，固然是買進美元的時機，而且愈早買愈好，可是對於股市及債市而言，依然是偏空。因此，投資股市及債券

市場的民眾，希望新台幣對外幣的波動幅度不要過大。

財金大補帖

由新台幣兌換各種外幣的匯率，可以看出近年來新台幣匯率的升貶走勢。依據行政院主計處的統計，以民國八十四年底與九十二年四月相比，新台幣兌12種較常見的外匯匯率與升貶情形如下（以買進匯率為例）：兌美元由27.22元貶至34.79元、兌日圓由0.26元貶至0.28元、兌港幣由3.5元貶至4.44元、兌英鎊由42.13元貶至55.33元、兌瑞士法郎由23.52元貶至25.53元、兌加拿大元由19.93元貶至24.12元、兌新加坡幣由19.20元貶至19.53元、兌澳幣由20.15元貶至21.64元、兌瑞典克朗由4.06元貶至4.20元。另由民國八十八年底與九十二年四月相比，兌歐元由31.43元貶至38.55元、兌紐西蘭幣由16.20元貶至19.40元、兌泰銖由0.83元升至0.80元。

換句話說，在過去的這一段時間內，新台幣兌12種主要外幣中，只有對泰銖為微幅升值，兌其餘11種外幣皆為貶值，其中以兌美元、歐元、港幣、英鎊、加拿大元等五種外幣的貶值幅度較大。

外匯、外匯市場
外匯存底、外幣存款

美元、日圓、歐元等外國貨幣都是「外匯」。新台幣兌換外國貨幣的匯率，都由「外匯市場」的供給與需求決定。中央銀行所持有的外國資產稱為「外匯存底」。一般民眾如果計畫移民或進行投資時，則可以開個「外幣存款」帳戶。

　　在地球村逐漸形成之下，各國之間的國土疆界似乎已不再那麼重要了。各國貨幣之間的流通不但司空見慣，而且已成為一般人生活中的一部分了。

　　對於大家每日使用的新台幣而言，任何其它的外國貨幣如人民幣、美元、日圓、歐元，甚至較少見到的盧布、匹索、里拉、克朗等都是外幣，也稱之為外匯。

　　由於各國之間常有貿易、投資、旅遊等經濟交流，使得國與國之間的貨幣必然需要流通，可是流通時一定要有一個章法，最重要的章法就是各國貨幣在兌換時一定要有個比例。因此，各國大都會有一個或多個外匯交易市場，每日在這個市場中，由買方與賣

方透過自由出價的方式，決定各種貨幣的匯率水準。

當然，每日在外匯市場中進行交易的，都是公司企業甚至政府機構，一般市井小民是插不上手的。如果是出口商，因爲賣出貨品給國外商人，便會收取若干美金，可是美金在台灣難以大量流通，因此只好在外匯市場中售出美元，換成新台幣。至於進口商則剛好相反，因爲向外國廠商進口貨品，必須以美元或其它外幣支付，因此需要在外匯市場中賣出新台幣，以取得外國貨幣。另外，中央銀行爲穩定新台幣匯率，在必要時也會大量買進或賣出美元，以平衡新台幣及美元的流通數量。

至於報章雜誌經常報導的外匯存底，也稱爲外匯準備或是外匯儲備。在一般人的觀念中，台灣數以千億美元計的外匯存底，就是中央銀行存在外國的存款。其實外匯存底的內容稍微複雜些，總共包括了外幣、外幣存款、外國債券、黃金、特別提款權等等。

當然，外匯存底會有匯率上的風險，媒體有時便會報導台灣的外匯存底發生了匯兌上的虧損或收益。爲了讓外匯存底只多不少，因此中央銀行在一定的範圍內，會更動外匯存底的幣別，希望在每日變動的各種外幣匯率變動中，讓台灣的外匯存底做出最有效的

搭配。

　　許多人會好奇，台灣怎麼會有如此多的外匯存底？總不是老天賜給台灣的吧？台灣累積外匯存底的原因及來源很多，例如，當出口金額高於進口金額而發生出超時，因為國際收支順差而產生不少多出的美元等外匯；外國人來台灣投資設廠時，也會賣出美元換成新台幣，這些錢由中央銀行收起來成為外匯；當新台幣升值幅度過大時，央行也會適度的賣出新台幣換成美元，以讓新台幣不再升值甚至貶值。

　　至於外匯存款，也稱為外幣存款，則是近年來在台灣新興的理財工具。無論是打算移民、唸書、旅遊、投資，開個美元等外幣帳戶，不但有機會賺取匯差，也可減少日後需要時結匯的麻煩及匯兌風險。而且，近年來流行海外投資，與其間接的以新台幣支付，還不如直接由自己的外幣存款帳戶中支付。

　　目前在台灣可以進行的外匯存款幣別，也包括活期存款與定期存款兩種，活期存款的門檻當然會比定期存款低些。民眾在開戶前，除了想想此時將新台幣結算成外幣，未來一段時間是否會有匯率上的收益或虧損；另外則是貨比三家，盡量找外匯存款利率比較高的外匯銀行就對了。

財金大補帖

民國九十二年六月，台灣外匯存底爲1,766億美元
（全球第三），創下歷史新高，而且係連續二十四個月增
加。居首位的日本外匯存底爲5,430億美元、第二名的中國
大陸爲3,400億美元。四至六名分別爲南韓的1,316億美元、
香港的1,161億美元、新加坡的857億美元。

民國九十二年四月台灣外匯（幣）存款金額爲新台幣1兆
元，年增率爲-8.91%。而在民國八十六年則出現過83%的
年增率。

實質有效匯率指數

儘管新台幣兌換美元及其它各種外匯的匯率可以很容易的在媒體及網路上看到，可是這種匯率只算是「皮」，是方便人們兌換及使用的。至於「骨」則是實質有效匯率指數，這種指數比較能夠反應新台幣對於主要外幣的真正價值。

在報紙、電視、銀行、網路上，都可以看到新台幣兌換美元、港幣、歐元、加幣、日圓等各種外幣的最新匯率。這樣的匯率早已深入人心，成為人們投資、旅遊時的參考。可是喜歡動腦筋的人們，可能會覺得如此的匯率數字總是有些怪怪的，好像缺少了什麼似的。

目前外匯市場上每日決定的新台幣兌換各種外幣匯率，存在著兩個無法反映與解決的問題：

第一，新台幣兌換如此多種的外幣，而且各種匯率升貶的情形又不一樣，那麼新台幣對於整體外國貨幣的匯率或是價值，究竟應該是多少呢？例如，當新台幣兌美元升值、對日圓卻貶值時，那麼民眾究竟應該如何看待新台幣真正的匯率及價值呢？

　　第二，也是比較讓人傷神的，新台幣兌換各種外幣的匯率很容易便由外匯市場的供需交易而決定，可是台灣與各國的物價變通卻很難在匯率中反映出來。這種觀念好像一時之間很難弄懂吧？舉個例子就清楚多了。假設新台幣兌美元的匯率是35比1，而美國的一個蘋果賣1美元，可是過了一個時間美國發生了通貨膨脹，蘋果變貴了，漲價為一個2美元，可是雙方的匯率仍然不變。在這種情形下，35比1的匯率已不能反應兩國貨幣的真正兌換價值，因此，相對於35比1的「名目匯率」，「實質匯率」應是35除以2（蘋果貴了一倍），也就是17.5。

　　好像仍然有些複雜是吧？沒關係，再看以下的內容就會更了解一些了。為了反應出新台幣對於各種外國貨幣的真正價值，因此國內有經建會、中央銀行等數個單位製作「新台幣實質有效匯率指數」，以單一數字100作為指標。當指標大於100時，即表示新台幣在過去一段時間內呈現升值走勢，而且有被高估的傾向，進而有貶值的空間；相對的，當指標數字小於100時，則表示新台幣已走貶了一段時間，明顯的已被低估，因此有升值的空間。

　　以中央銀行為例，在製作「新台幣實質有效匯率

指數」時，是選擇了美元、日圓等十多個國家的貨幣，每種貨幣的比重各自不同，再加上各國物價水準變動情形，並且與過去一定的時間做比較，而得出新台幣對於多種外國貨幣的真正價值。

因此，與外匯市場上的新台幣兌換各種外國貨幣的匯率相比較，新台幣的實質有效指標及數字，一次顯示出對這些外幣的綜合價值，而且充份反映出台灣及這些國家的物價變動情形。藉由指標數字的大小，不但可以看出新台幣在過去一段時間內的升值及貶值幅度是否過大，更可以供民眾及政府對於新台幣未來走勢應升或貶的一個參考。

目前比較麻煩的是，台灣數個編製新台幣實質有效匯率指數的單位，所提出及公布的指數數字並不相同，而且有些大於100，有些則小於100，頗令人感到混淆。發生這種歧異現象的主要原因有兩個：一是每個單位選擇外國貨幣的數目及比重不盡相同，另一則是與過去某個時間比較的基期也不一樣，因此計算出來的結果自然有所不同。

儘管如此，新台幣實質有效指數仍然有其參考的價值。例如當新台幣急升急貶、兌換各種外幣升貶不一時，多數民眾會對新台幣兌換各種外幣的真正價值

感到困惑。此時如欲在黑暗中點亮一盞明燈,便可參考指數的高低,仍然可以得到一個中肯的答案。

遠期外匯

每一個人都知道新台幣兌換美元及其它外幣，隨時會升值或貶值，而且有時其幅度很嚇人，讓人措手不及。如果您不太會研判匯率走勢，又很怕在未來的一段時間內新台幣暴起暴落，那麼可不可以先買一個固定的匯率，日後在真的換匯時就不必擔心新台幣匯率的變動了？當然可以，方式就是買賣「遠期外匯」。

　　遠期外匯雖然可以供個人及公司買賣，可是由於政府不希望外匯炒作的風氣太盛，更不希望民眾搶匯成為全民運動，因此通常都以廠商為買賣的優先對象，個人則手續較麻煩些。

　　事實上，遠期外匯也比較適用於進出口廠商，一方面是這些廠商經常需要買賣美元，另一方面則是廠商進出口報價通常使用美元及主要外國貨幣，比較需要買賣遠期外匯來避風險。

　　買賣遠期外匯可以避匯率風險，此話怎說呢？舉個例來說，如果有一家出口商賣一批貨給美國一家進口商，當然對方會以美金支付貨款。此時出口商的財

務人員向老闆進言，美元最近因為某些因素而可能貶值，到時收到的美元所換成的新台幣與目前比較，就會少了許多。老闆一聽，便立即下達指示，趕快去買張預售遠期外匯的合約吧。如果情況相反，便會買遠期外匯以因應可能發生的美元升值。

當然，如果這家公司的財務人員作出相反的判斷，例如，預測美元最近會貶值，結果卻升值，那麼不但事後鐵定被老闆「海K一頓」，這家公司也必因錯賣美元遠期外匯而蒙受損失了。

如果要做更進一步的說明，在買賣遠期外匯時，必須在一定的時間內付諸實施，通常市面上的期限最短是10天，最長是180天，其間尚有30天、60天、90天、120天等不同的天期。至於可以買賣的外匯，除了美元之外，還有日圓、英鎊、歐元、港幣等。至於交易金額，每筆通常至少要在美金10萬元以上，因為一般的個人不太可能輕易嘗試。

如果您覺得如此的規定還是不夠週全，因為很多廠商出貨、進貨的變數很大。那也沒關係，假設某家廠家預買30天的遠期外匯，是所謂的「固定到期日」方式，屆時發生特殊狀況，可以向銀行要求延長時間，例如「展期」一個月。如果廠商也不知道要買賣

那一種天期的遠期外匯，那麼也可以選擇所謂的「任選到期日」方式，只要在約定的那一段時間內完成交易即可。

不論是廠商或閒錢較多的個人，在買賣遠期外匯時，一定要認識清楚這項金融商品正如刀之兩刃。優點在於規避匯率變動風險及套匯賺取匯率差價；缺點則是一旦買了遠期外匯，價格便無法更動，接下來是賺錢或虧錢，就全看自己的眼光或是運氣了。在以往，便由於國外熱錢大量及快速流入，造成新台幣兌換美元先升後貶的情勢，許多對外匯投資有觀念的企業及個人，便以直接買匯或賣匯、加上預購或預賣遠期外匯而大撈一筆。另一方面，亞洲金融風暴之時，東南亞國家也因此而蒙受巨大的外匯及經濟損失，至今仍在復健中。

套匯

「套匯」是在兩個以上的外匯市場，利用買
賣兩種以上的貨幣而賺取差價。

在各種投資的工具中，「套匯」其實算是極少數
穩賺不賠、毫無風險的。但是一般人很少或很難從事
套匯交易，主要原因是它需要較大的資金、充足的金
融及語言知識、完善的交易工具。

套匯為什麼穩賺不賠呢？因為全球有很多外匯交
易市場，每一個交易市場對於各種外幣之間的買賣匯
率不可能完全相同，即使相當接近也必然有微小差
距。有許多套匯者，每天便在如此多的各國外匯市場
中比較各種貨幣的匯率差價，不斷的對不同貨幣買進
賣出套取差價。

舉一個大家都能看得懂的例子。金融常識很豐富
的老張，在交易商或自己的電腦中，看到東京外匯交
易中心1美元可以買到0.7英鎊，在法國巴黎市場則是
1英鎊可買到9.5法郎，倫敦市場則是1法郎可以換到
0.16美元，因此他便一路如此買賣。最後的結果是什
麼呢？很簡單，就是1美元×0.7英鎊×9.5法郎×
0.16(法郎換美元)=1.064美元。老張的1美元經過如此

的「套匯」手續，便可以變成1.064美元，也就是說1美元可賺0.064美元，投資報酬率是6.4%。如果老張投資10萬美元，幾十分鐘之內便可以賺到6,400美元（實際拿到錢要等個幾天）。如此真的是有夠好賺吧！

當然，任何人都會提出疑問，既然那麼好賺，全世界的有錢人把錢全部投入各國的外匯市場不就得了嗎？「套匯」最令人費力之處，就是各國外匯市場的各種貨幣兌換匯率瞬息萬變，當任何市場間的匯率如果產生明顯的價差，馬上就會有「一缸子」的套匯客進場。由於這些套匯客投入大量的資金買賣匯率價差，因此這個價差很快的就會縮小。這個道理就好像馬路上有些凹洞，下雨時就會填滿，愈小的凹洞就填得愈快。

在此順帶提及一個與套匯有關的金融常識。全世界的金融資本市場，包括股票、債券及外匯等，投入的資金大約是35兆美元（換算成新台幣是1,200多兆元的嚇人天文數字）。這些資金並非總是老老實實地只待在一個國家的金融市場內，其中約有7.5兆美元（約新台幣245兆元，也是天文數字）是在全球各地流竄（像是前幾年亞洲金融風暴時索羅斯等金融集團）。不論是35兆美元也好、7.5兆美元也罷，真正投

資商品及服務的只不過區區的5％，95％則是靠賺取、套取股價、匯價、利率等差價而獲利。因此每天都有您所想不到的龐大資金，24小時在各國外匯市場比較、計算各種貨幣的外匯價差，然後儘量在第一時間內下單，再進行下一個目標。

套匯通常可分為「直接套匯」與「間接套匯」兩種方式。前者只在兩國套匯，後者則在三國以上套匯。因此真正的套匯專家大多選擇間接套匯（也稱為三角或三點套匯），每日在紐約、舊金山、東京、法蘭克福、台北、倫敦、巴黎、巴林、新加坡、香港、雪黎等外匯交易市場及金融中心，透過現代化的電子及網路連線，每天24小時找尋稍縱即逝的匯差，以便從中獲利。如前所述，當這些國際套匯者進入買賣後，匯差便會自動縮水甚至平衡；經過一段時間後，由於外匯市場供需關係的改變（某些貨幣的供過於求、求過於供）而再一次產生兩種貨幣的新匯差。這種週而復始的過程，永遠提供套匯者獲利的空間。

旅行支票

旅行支票是一種介於現金與支票之間的支付工具。它有支票的外型，但是卻接近現金的功能。它沒有現金遺失的缺點，也沒有支票不易兌換的困擾。但是它的方便性終究不及現金，面額也比不上支票。因此，它是適合「旅行」時使用的類似「支票」支付工具。

出國旅行時，每個人常都會如何決定付帳的工具而頗傷腦筋。當然，在台灣申請的一般支票在國外很不好用，而常用的信用卡、外幣現金、旅行支票，好像各有利弊，那麼要選擇那一種比較好呢？

在出國前甚至出國後，將新台幣換成一種或多種的外幣，當然最實用，因為無論世界哪個地方作生意的人，只要看到他看得懂的鈔票，必收無疑。可是常出國的人都知道，不管是那一國的貨幣，只要一旦遺失就完了，一點辦法都沒有，遇到拾金不昧者的機率大概比中樂透頭彩大不了多少。另外一個缺點，就是每次換外幣就會損失一些匯率；如果一次是到好幾個國家，不但損失更大，而且換來換去也麻煩無比。

如果使用信用卡是不是比較好呢？信用卡當然方

便無比，而且身上可以不必多帶現金。可是，信用卡一樣怕遺失，雖然可以趕快掛失及由銀行負擔風險，可是在國外人生地不熟，掛失也不見得那麼方便，何況還有盜刷的風險。另外，許多人在國外刷卡時斤斤計較匯率是否划算，也是很傷神的。

至於旅行支票，最大的兩個好處，就是不怕遺失及支付方便。旅行支票在台灣尚未完全為民眾所接受，原因便在於購買及使用上稍微麻煩點，而且通常要付一點手續費。

其實，旅行支票光是不怕遺失的這項「特異功能」，就讓其值回票價了。因為，在國內向銀行購買旅行支票時，要先在左上角的欄位中簽中文或英文的名字，出國付帳時要出示護照，並且在左下角簽名處複簽（如果在付帳前便同時簽兩處就麻煩大矣）。即使有人揀到旅行支票，必須同時揀到護照及模彷簽名才行使用。

在支付時，旅行支票也很方便，只要在國外飯店、銀行、稍具規模的商店，皆可以用旅行支票付帳，而且剩下的錢可以找回當地通用的貨幣。

了解旅行支票與現金、信用卡、支票的優、缺點之後，可以更進一步談談旅行支票的特性了。旅行支

票是由銀行發行，採用固定面額(以美元為例，有20元、50元、100元、500元、1000元等多種)，幣別有美元等多種外幣。它完全沒有指定的付款人及付款地、使用日期及地區等限制。在購買時，必須出示護照或身份證，並在左上角簽名，出國使用時則出示護照及在支票上複簽。遺失時，則憑護照、水單、支票號碼向眾多的服務單位申請補發。

現在只剩一個問題，民眾在出國時到底要如何付帳呢？一般而言，如果不斤斤計較旅行支票的手續費及稍顯瑣碎的簽名、水單、序號等小問題，不妨以旅支為主，現金為輔，信用卡則備而不用甚至不必攜帶較佳。

如果計較手續費及瑣碎程序而堅持不肯使用旅行支票，那麼不妨以信用卡為主，外幣現金為輔。尤其是在預期新台幣升值時，使用信用卡更可以省下些微的旅費。

整體而言，出國時使用旅行支票的風險最小，而且是優點遠多於缺點，在先進國家早已為民眾普遍使用；在台灣，隨著金融常識日漸增加，旅行支票的使用比例也將逐漸提高。

釘住匯率
聯繫匯率
浮動匯率

一個國家貨幣兌換他國貨幣的匯率，有的是固定，有的則是機動。貨幣本身隨著某一國或數國的匯價而走，便是釘住匯率；聯繫匯率也類似釘住匯率，通常專指港幣釘住美元匯率而言；浮動匯率則是由外匯市場的供需而決定匯價。台灣早年曾有一段時間實施釘住匯率措施，後來因市場逐漸自由、開放而改採浮動匯率至今。

匯率決定的方式，有時可以反映一個國家的先進或落後。許多集權及落後國家都採取了所謂的釘住匯率制度。也就是說，一個國家的貨幣緊釘著與其經貿往來密切國家的匯價。最好的例子便是中國大陸，人民幣兌換美元的匯率多年來始終不動如山，不像新台幣兌美元近二十年來在40比1至25比1的範圍之間來回大幅波動。

採取釘住匯率的好處就是省事方便，例如，中共與美國經貿關係最為密切，反正人民幣的匯率緊釘著

美元就沒錯了，如此對於雙方的貿易及投資都頗為方便。不過，釘住匯率有一個缺點，就是幣值無法充份反應事實，像是前幾年大陸對外貿易鉅額出超，就多次被美國及諸多亞洲貿易競爭對手要求升值。台灣在民國五十九年也曾採行釘住美元的單一匯率制度，因為當時的環境處處仰賴美援，至六十八年時才因台灣經濟起飛而改採浮動匯率，逐漸脫離落後國家的形象。

聯繫匯率與釘住匯率甚為接近，主要指的是港幣釘住美元的措施。在二十年前，香港曾因信心危機而產生美元兌港幣暴跌，港府便宣布實施聯繫匯率，將匯率定為1美元兌換7.8港幣。聯繫匯率雖然理論上波動較釘住匯率為大，但是港幣由於鈔票發行等因素影響，實際兌美元的匯率波動幅度甚小。

大多數的自由及先進國家都採取了浮動匯率制度，也就是匯價由外匯市場自由決定。這種匯率制度的好處，便是不容易發生外匯投機，不像之前採行固定匯率制度時，每當中央銀行有意調整新台幣匯率時，都引發一波搶匯或拋匯的風潮。另外，中央銀行也不必因為干預匯市，而每次必須備妥大量的外匯進場調節。不過，浮動匯率最大的缺點，則在於每當匯

率波動的幅度過大時，對進出口產業都會造成很大的衝擊，例如：新台幣升值時出口商便大喊吃不消、貶值時進口商又大呼舶來品不好賣。另外，當匯率急速變動時，對於物價的穩定也不是好消息；例如，新台幣快速升值時便容易造成熱錢流入，造成通貨膨脹的壓力，使得物價蠢蠢欲動而攀高。

在台灣實施浮動匯率多年的情況下，一般民眾的投資行為都多多少少受到匯率波動的影響，因此如何判斷匯率的漲跌，便有助於及早做投資佈局。最有效的兩個影響匯率的指標，一是出超數字，二是熱錢流出入。報章上發布財政部的貿易統計數字，如果台灣對外貿易呈現大幅出超時，就表示出口暢旺，出口商賺進大把美元，必須陸續兌換成新台幣，此時新台幣兌對美元及其它諸多外幣自然會呈現升值的走勢。如果台灣民眾紛紛購買海外基金、債券，就表示將手中的新台幣換成美元流出台灣，那麼新台幣必將走貶。能夠了解台灣的經貿動態、資金流出入的動向，對於掌握新台幣匯率便八、九不離十了，投資的方向也就亮了一盞明燈。

 財金大補帖
美國財政部長史諾在民國九十二年六月間兩度喊

話，指出中國大陸計畫在近期內讓人民幣改採浮動匯率制
度。不論中共是否真做改變，國際金融圈普遍認為人民幣
已被低估，應有升值的空間。

外匯篇

外匯黑市

外匯黑市，就是不合法但是又存在的地下通匯市場。通常黑市發生於外匯管制之時，台灣過去曾實施外匯管制，因此黑市曾猖獗一段時間。在政府取消外匯管制後，一般進行黑市交易的銀樓等處所，便以兌換人民幣及外幣現鈔為主。

外匯黑市通常發生在落後及集權的國家。目前最明顯的例子就是中國大陸，一段時間以來，大陸由於一直缺乏美元等外匯，因此進行極其嚴格的外匯管制。台灣民眾赴大陸，將手中新台幣或美元換成人民幣時，如透過銀行等合法管道，匯率較不划算，因此許多人便透過朋友或熟識的管道，以黑市的方式拿到較好的兌換比率。

開發中國家如巴西也是極其缺乏外匯的國家，不但強烈禁止人民將美元等外幣攜出國外，而且將巴西里拉的定存利率拉高至10%以上的驚人水準。正由於巴西極缺美元，加上實施外匯管制，因此黑市不但猖獗，而且美元與巴西幣的兌換水準與官方公告的匯率，有相當大的差距。

台灣在民國七〇年代之前，由於經濟尚未起飛，美元等外匯並不充裕，因此政府也實施外匯管制，造成黑市交易比比皆是。從民國七十六年起外匯自由化之後，台灣黑市的風光日子便逐漸成為過去式。

　　任何國家外匯黑市的存在及興起，主要有兩個原因：一是官方對於本國貨幣兌換外幣的匯率，因為高估而與市場預期差距甚遠，持有外國貨幣的民眾自然希望透過官方以外的管道，換取更多的當地貨幣。另一種情況則是禁止兌換、流通等外匯管制的作法，因此外幣在黑市中自然成為寵兒。

　　近年來，由於人民幣與新台幣的問題，造成兩岸黑市生意興旺。由於兩岸外匯市場均沒有兩種貨幣的直接兌換匯率，中共及台灣官方更禁止對方的貨幣在本地流通。麻煩的是，兩岸的貿易及民眾交流又特別的頻繁，外匯黑市因此大行其道。

　　例如，台灣民眾進出中國大陸已如家常便飯，可是許多人又擔心在大陸黑市匯率被騙，因此本地興起了一陣黑市熱潮。除了以往的銀樓之外，黑市業者更擴及於骨董店、集郵社、旅行社，甚至一般商店。台北市貴陽街部分集郵社、光華商場部分骨董舖或賣玉的攤位，都是新台幣換人民幣的黑市集散地。至於一

般商店，最有名的就是阿里山及日月潭的手工藝品店。

另外，大筆的換匯也並不困難。例如，台灣民眾或企業想要將較大筆的新台幣匯至大陸換成人民幣，便常以銀樓為掩護。匯錢時以當日黑市匯率為基準，將錢匯入指定的戶頭，大陸方面則由接頭者將這筆錢以人民幣匯入民眾指定的帳戶內。至於將錢由大陸匯回台灣，也是經由類似的管道將資金由人民幣換成新台幣。另外也有一些屬於「小道」的作法，例如：將大量的人民幣或新台幣藏在貨櫃中、或是直接由銀樓人員夾帶巨款走私，但是風險較高，敢於嘗試的人比較少。

衍生性金融商品

「衍生性金融商品」無法像股票、債券、存放款、信用卡等一般金融商品讓人能輕易了解與掌握，最主要的原因在於它並不是「實體」的商品，而只是一紙與商品價格有關的「契約」。當商品的價格變動時，這紙契約的價值也就不一樣了。

　　在人類開始有「生意」這個字眼產生之時，商人們心中便有一個願望：如果買賣商品有時能夠有一個固定的價格就好了。因為不論稻米、蔬果、肉品、食油等民生必需品，產量及價格經常受到天候及人為因素影響，產量及價格因此經常發生變化，不但讓商人們煩惱不已，也苦了老百姓。但是人類實在不算聰明，直到十六世紀日本封建諸候利用稱米作帳面交易、十七世紀荷蘭鬱金香熱賣而產生預售的價錢，才建立了對商品的避險制度雛型。現在，我們稱呼這種基於價格避險而產生的交易對象，為「衍生性金融商品」。

　　時至今日，為了以固定價格買賣商品以避開價格波動風險的「衍生性金融商品」早已不再限於一般的

民生必需品，而擴及於股票、外匯、利率、一般商品等四大類，因此更加符合「衍生性」及「金融」這兩個名詞。

當然，衍生性金融商品的種類及細項為數不少，但是有一個共同的特性，就是在一紙契約中，以固定的價格買賣商品，至於這項商品日後的實際價格為何，則分別產生虧損或賺錢的結果。

目前衍生性商品可以分為四大類，即「遠期契約」、「期貨契約」、「選擇權契約」、「交換契約」（四個名詞後面都「契約」兩字）。至於這四類「虛擬」契約所連結的「實體」商品就是前述的股票、外匯、利率、一般商品等四種。當然，這四類契約只是通稱，旗下又各自有五花八門、分類更細的個別衍生性金融商品。

「遠期契約」目前專門針對利率、外匯（不只外匯可以買賣，利率在衍生性金融商品的架構下，一樣也可以買賣），由買賣雙方相互約定，在未來某一約定的日期，以一個特定的價格做成買賣交易。例如，「遠期利率契約」就是以某一種貨幣（例如：歐元）在未來某一段時間內的升或降息後的水準，與雙方所約定的水準相比較，而決定誰賺誰賠。「遠期外匯契

約」則是以某一種貨幣（例如日圓）兌另外一種貨幣（例如：美元）的匯率升貶判定雙方輸贏。

「期貨契約」最早是爲了防止天災人禍造成食物巨幅波動而產生的避險交易方式，目前已發展出「外匯期貨」、「指數期貨」、「利率期貨」及「商品期貨」等四種。它最大的特色就是以「保證金」的方式，對於金融商品的交易時間、交易方式、商品規定及數量做具體的規定。由於期貨契約包含的範圍廣泛，避險的功能又特別大，加上保證金「以小搏大」的投機特色，因此期貨市場快速發展，已逐漸與股票市場、外匯市場、債券市場等量齊觀。

「選擇權契約」也是一種保證金交易方式，它的交易範圍也很廣泛，包括股票、債券、匯率、利率、期貨、指標商品（如：石油、黃金、貴金屬、大宗農產品）。其特色就是由投資人預先買進一個所謂的買入或賣出「權利」，在約定時間到期後可以選擇執行買賣之權，也可以放棄這項權利，完全視投資人覺得是否划算而定。由於選擇權交易很符合當前各國投資人的需要及喜好，因此已經成爲頗爲熱門的衍生性金融商品。

「交換契約」相形之下就顯得較爲冷門，通常是

各國中央銀行或一般銀行之間爲之。目前主要分爲
「貨幣交換」、「利率交換」兩種。以貨幣交換爲例，
是同時買進又賣出一種貨幣（看似有些矛盾），但是
因爲必然牽涉兩種貨幣（如以新台幣買美元、賣歐元
換成日圓），兩個銀行間在交易過程中不但可以獲得
外幣，又在國內的借貸市場中有些好處，因此對於銀
行而言有其必要性。

總之，在四大類衍生性金融商品中，與一般投資
人（其實是少數投資人）較有關係的是期貨及選擇
權。即使你一生中都不會碰觸其中任何一類的商品，
至少可以大致了解四種商品的運作方式及特色，也算
是增長一點金融與理財常識吧！

財金大補帖

民國九十二年五月台灣所有銀行（本國銀行加上
外商銀行）承做衍生性金融商品金額，相當於新台幣2.4兆
元，最大宗爲匯率契約佔84%，利率契約占 15.8%。匯率
契約以換匯及選擇權交易較多。交易量前五大銀行依序爲
美商花旗、建華、中國信託、香港上海匯豐、荷蘭銀行，
五家合計佔總交易量的48.77%。

其它篇

貨幣供給額

> 大家都說「台灣錢淹腳目」，可是台灣到底有多少錢呢？從貨幣供給額便可以一窺究竟。一般而言，貨幣供給額包括了通貨淨額、支票存款、活期存款、活期儲蓄存款、定期存款、定期儲蓄存款、存簿儲金等七大項目。

　　一般人在閱讀報章雜誌時，一看到「貨幣供給額」便常覺得頭痛。原因倒不是這五個字多麼艱深，而是其後常伴隨著三個不知為何物的英文字M1a、M1b、M2。這三個英文字中好像只有M1b比較有點眼熟，因為「星際戰警」就是MIB（Men In Black），只可惜這兩者差之毫釐而失之千里，一點關係也沒有。

　　台灣就像其它任何一個國家一樣，錢（貨幣）的種類實在太多了，常見的除了你我口袋中可見的鈔票及硬幣外，還有看不見的銀行及郵局各類型存款、股票及基金、外幣及外幣存款、甚至信用卡等塑膠貨幣。可是在計算台灣到底有多少錢時，總要有一個章法，而不能人言言殊吧！因此，便歸納成M1a、M1b、M2等三個標準。

用最簡單的講法，M1a的範圍最窄、其次是M1b，這兩者常被稱為「狹義貨幣供給」。M2的範圍較大（還有更大的計算方式），被稱為廣義貨幣供給。那麼這三者究竟是何方神聖呢？最簡單的公式便是：

M1a = 通貨淨額（政府發行的鈔票及硬幣）＋支票存款＋活期存款，也就是有三種來源。

M1b = M1a＋活期儲蓄存款，共計四種來源。

M 2 = M1b＋定期存款＋定期儲蓄存款＋存簿儲金，也就是七種來源。

台灣早期先後是以M1a及M1b做為計算貨幣供給額的標準，但是目前則改為M2。

說了半天，貨幣供給額到底對你我有什麼影響呢？最直接的影響，就是供給額太多時，物價就會上漲，大家就會覺得東西變貴了、錢也變薄了。反之，物價便容易下跌。

在投資理財時，大家一定要稍微了解貨幣供給額與股市、債市、匯率、利率四者之間的相互邏輯及因果關係。

當報紙、電視報導台灣的貨幣供給額增加時，因為新台幣的供應變多了，美元等外幣便相對減少，在

物以稀為貴的常理下，外幣升、新台幣貶便成為必
然。在股市方面，由於新台幣增加而產生資金的動能
提升，股價隨著買氣的增旺而上漲。至於債券市場，
新台幣供給增加後會導致利率下跌，因為錢變多了之
後銀行只好降低利率以求將錢借出去；當利率下降
時，債券的利率及獲利便相對提高，此時債券的買氣
自然明顯增加。相對的，當貨幣供給額減少時，對於
匯率、股市、利率、債市則呈現與前述相反的效應。

財金大補帖

民國九十二年四月台灣貨幣供給額三種指標中，
M1A為新台幣1.9兆元、M1B為5.5兆元、M2為20
兆元。在金融機構的三種主要存款中，活期存款計4.9兆
元、定期及定期儲蓄存款為10兆元、外匯存款為1兆元。另
外，郵政儲金則為3兆元。在所有存款中，以外匯存款增加
情形最為明顯，年增率為－8.91%。

投資型保單

保險加投資是新興的保險商品，因此有了「投資型保單」的出現。簡單地說，就你所繳交的保險費，有一部分是來買壽險，另外一部分則是拿來投資。最理想的狀況當然是既保險、又賺錢；可是也可能發生投資、保險金額雙雙縮水。

「投資型保單」是近年來非常熱門的保險商品，吸引人之處是既保險又投資，而且許多保險公司信誓旦旦的保證投資這一部分絕不縮水，一時之間讓民眾覺得是「天上掉下來的禮物」掏錢買保單。

所謂投資型保單，當然與一般傳統的壽險保險是不一樣的，大概的運作方式有下列幾個特點：在風險方面，傳統保險當然是由保險公司承擔，可是投資型保單則區分為兩部分，即保險公司承擔死亡風險，保戶自行負責投資風險；投資標的方面，傳統保單是由公司決定，而投資型保單基本上則是由保戶決定，但是通常是由保戶在保險公司所列出的投資清單中做選擇，而很少完全由保戶決定（萬一保戶指定要投資非洲某國的股票或貨幣，保險公司大概很難從命）；帳

戶方面，一般保險只有一個帳戶，投資型保單採用
「分離帳戶」，即分別設立投資及保險帳戶；至於保費
金額、繳交時間、保額、保單現金價值等，傳統保單
都是固定的，而投資型保單則皆爲彈性的。

在對投資型保單有基本了解之後，有興趣的民眾
一定會問這種保單有什麼優點與缺點呢？

優點的確有一些，例如，投資標的如共同基金，
都是經過保險公司篩選，具有績效及口碑；而且基金
有配息時可以視爲保險而免稅；保險業務員所抽取的
佣金通常也較低；投資獲利時可以直接算進保單帳戶
內，藉由提高保單現金價值的方式而提高保障總額。
至於缺點，最明顯的不外乎投資可能虧損，完全由投
資人自行負擔；只能買保險公司容許的股票及基金，
選擇範圍相對較小；另外也由於繳交保險費是採彈性
的方式，有時由於自己疏忽而忘記繳保費，造成保單
可能停效的麻煩。

投資型保單在台灣仍有一段發展期，因爲在歐美
等先進國家中，這一類型保單的保費收入，佔所有新
保單契約的40%~60%，但是台灣僅僅不到5%，因此
台灣在新推出此一商品時，許多民眾當然會覺得新鮮
及實用。

民眾在購買投資型保單時，最需要具備的觀念，就是投資不一定只獲利而不虧損；換句話說，心理上先要有賠錢的打算，日後面對投資報酬率出爐時，心情才不會起伏太大。即使是目前市面上最熱門的連結連動式債券的投資型保單，民眾雖然可以較為放心購買，但是仍要大聲、緊迫釘人式地詢問保險公司或業務員，到底這種保單是不是真的保證一毛錢不虧（包括投資及匯率兩方面）？如果對方保證只賺不虧，那麼更要吹毛求疵地再問對方到底保障獲利多少、是不是至少一定比銀行利率高？如果對方的答覆令您滿意，那就放膽去買吧！如果對方支支吾吾，那麼就貨比三家再決定。

其它篇
153

 財金大補帖
　　某家壽險公司於民國九十二年上半年推出十年最低保證獲利高達162%的投資型保單，但遭財政部保險司去函要求立即停止所有廣告宣傳，而且必須在新製作的宣傳品中拿掉保證獲利的字眼。

建蔽率、容積率
建築執照、使用執照

在購買住宅時，常用遇到幾個房地產名詞。
一塊土地上只能有部分蓋房子，這一部分的
百分比就是「建蔽率」；一塊土地能夠蓋多
少坪（或幾層樓）的房子，便是「容積
率」；在建商蓋房子前，一定要向建管單位
申請「建築執照」；蓋完後、住進去前也要
申請「使用執照」，否則就是違章建築。

　　也許沒有建築背景的你會覺得很奇怪，蓋房子不
就是在一塊自有的土地上隨意蓋上去不就成了，幹麼
還要講究「建蔽率」、「容積率」這些稀奇古怪的玩
意兒呢？

　　可是在稍微了解之後就會知道，住家的環境品質
及安全，還非得靠這兩項規定不可。

　　您能想像在一塊面積300坪的土地上，將住宅蓋
得滿滿的嗎？如果真有這種預售屋或成屋，您願意買
嗎？大概不願意，因為好像太擠了點吧。所以在建築
法規中，對各種土地都只准動用一部分的土地興建住
宅或辦公樓層。另一方面，如果一塊土地不但蓋得滿

滿的，而且還蓋個一百層，行不行呢？建商一定拍手叫好，因爲如此就大發特發了；可是政府鐵定將建築案打個回票，因爲如果大家都如此大蓋特蓋，沒多久之後「台北盆地」就會變成「台北峽谷」了。何以故？樓層太重把台北或其它都會區的地基都壓垮了。

「建蔽率」就是一塊土地可以興建的面積比例，例如，一塊100坪的土地，如果只准動用50坪，那麼其建蔽率就是50%了。

建蔽率的複雜之處，不是名詞難懂（你看完前面的說明不就懂了嗎？）而是不同的土地便有不同的建蔽率。例如，以台北市土地而言，住宅區的建蔽率在30%~50%之間（人口愈密集的土地，建蔽率愈高），商業區則在55%~75%之間（愈便宜、愈週邊的土地，百分比愈低），最低的是風景區，只有15%。爲什麼會這樣呢？因爲基於兩個原則：一是住宅區一定要留下較多的面積供住戶或附近鄉親休閒之用，而商業區則比較無此需要；二是人口比較密集的土地，則留下較小的面積（不是黃金地段不需要休閒空間，而是土地實在太貴了，實在浪費不起）。

至於容積率，就是一塊土地可以興建的空間比例如，一塊100坪的土地，如果可以蓋出800坪的樓層

（要蓋幾層就要看地主與建築師的意思了），其容積率就是800％。

　　同樣的以台北市土地為例，住宅區的容積率範圍在60％~400％之間，商業區則在360％~800％之間，最低的仍是風景區，只有60％。換句話說，所有台北市的土地，每一百坪最少只能蓋出60坪的樓地板面積，最高則可蓋出800坪。

　　因此，每一塊土地在興建住宅或辦公大樓時，地主、開發商與建築師最關心的問題，就是如何在建蔽率與容積率的容許範圍內，將這座大樓蓋得美觀、有特色。

　　任何一棟建築物在開始興建之前，一定要向政府建管單位申請「建築執照」，好讓這些非常懼怕「利益輸送」的公務員仔細端詳所有建築事宜是否合乎法規，以免將來出了問題而改吃牢飯。如果這座大樓（當然也可能只是平房）完工時，一定要再去申請一張「使用執照」，確定使用安全無虞時，住戶才可以合法、放心的來個喬遷之喜，否則就是住進違章建築了（違章建築不是只有老舊房子，新落成的美侖美奐住宅，只要沒有一紙使用執照，也是違章建築）。

財金大補帖
台北市土地使用區分管制規則之容積率
及建蔽率規定表（%）：

區域	類別	容積率	建蔽率
住宅區	住一	60	30
	住二	120	35
	住三	225	45
	住四	300	50
商業區	商一	360	55
	商二	630	65
	商三	560	65
	商四	800	75
工業區	工二	200	45
	工三	300	55
行政區		400	35
文教區		240	35
倉庫區		300	35
風景區		60	15

台灣非都市土地容積率及建蔽率規定表（％）：

建地	容積率	建蔽率
甲種建地	240	60
乙種建地	240	60
丙種建地	160	40
丁種建地	300	70
窯業用地	120	60
交通用地	120	40
遊憩用地	120	40
墳墓用地	120	40
特定目的事業用地	160	60

利差益、利差損
死差益、死差損

保險公司最關切兩件事，一是用保險費投資時是否賺得夠多？二是發生事故的被保險人多不多？當保險費的投資報酬率高於預定利率時，便會產生「利差益」，就表示公司賺錢了，虧錢則為「利差損」。當發生事故的實際死亡率低於預估時，保險公司省了一大筆錢，便發生了「死差益」，反之，公司因為虧大了而對「死差損」大傷腦筋。

　　這四個常讓一般民眾丈二金剛摸不著頭腦的保險專有名詞，其實可以用很簡單的方法便牢牢記住：「利差益」就是保險公司因為「利」率的差距而獲「益」；反之，「利差損」則是由於「利」率的差距而受「損」。「死差益」是保險公司因為「死」亡人數較少而獲「益」；相對的，「死差損」則是「死」亡人數較少而受「損」。

　　在正常的情況之下，保險公司在販賣壽險保單時，明訂的所謂「預定利率」應低於銀行的存款利率；也就是經由產生「利差益」的方式，不但保險公

司可以賺取其中產生的部分差價，也可以將部分的利潤以紅利的方式回饋給保戶。

可是老天實在不從保險公司所願，近幾年來由於財金及投資環境的快速變化，銀行利率快速向下滑落，讓保險公司手忙腳亂。如果保險業立即跟進而降低預定利率及進行調高保費，那麼原有的客戶便會被「以不變應萬變」的其它保險公司拉走。為了顧及市場大餅，硬是不調低預定利率的結果，就是發生了保險公司極不願見到的「利差損」，說得專業一點，就是保單分紅利率低於保單預定利率。

至於被保險人死亡數字方面，任何保險公司都會根據各種數字，訂立一個預估死亡率，做為理賠金額與現金流量的參考。當然保險公司在人道上及業務上皆希望人人能長命百歲，那麼理賠金額就會少了很多，死亡人數也低於原先的預估數字，此時便會發生「死差益」，政府會監督及要求保險公司將這一部分的利益以分紅的方式回饋給保戶。

反之，當死亡人數高於預估死亡率的相對人數時，便產生了「死差損」，此時保險公司一定忙得焦頭爛額，既要出面安排理賠及照顧事宜，又要支出大筆的現金。

以當前台灣保險業的生態而言，便呈現「利差損」及「死差益」的情況。利差損是由於銀行利率下降，使得保單預定利率高於銀行利率，保戶不但分不到紅利，反而面臨保費調高的尷尬處境。「死差益」則是由於台灣生活品質提高，人口死亡率下降，保險公司較多年前可以省下巨額的理賠金額，而將部分分紅給保戶。

　　也許有許多民眾會認為，既然同時發生「利差損」及「死差益」，那麼兩相平衡，保險公司既可降低保單預定利率，又不必調高保費，豈不天下太平？現實是讓民眾失望的，一方面是「利差損」所造成的損失額遠大於「死差益」；另一方面，「死差益」省下來的錢仍必須回饋、分紅給保戶。因此，大方向來說，「利差損」勢必造成保單預定利率的降低，保險費調高並不會因為「死差益」而懸崖勒馬的。

保險代理人、經紀人
業務員、公證人

很多人都可以向您拉保險，其中有保險公司
專屬的「業務員」，有同時販售多家保險商
品的「經紀人」，也有代表保險公司的「代
理人」。至於發生理賠時的鑑定及估價事
宜，就必須由「公證人」為之了。

　　平常在您身邊出現的保險推銷人員，不論是您所
熟識的親朋好友，或是見過幾次面的點頭之交，甚至
是素昧平生的陌生人，其實都未必都是保險公司的員
工，而可能分別是保險「代理人」、「經紀人」、「業
務員」。

　　由於有這三種不同的身份，因此在面對保險推銷
員時，您一定對一些情形感到不解：怎麼有的人只賣
一家保險商品，有的人卻同時賣好幾家呢？有的人說
自己是拿保險公司的薪水，可是有的則說連半毛錢的
底薪也沒拿？有的人說理賠時絕對會出面善後，有的
則說會由同事代勞。

　　其實，要了解這三種人很簡單，只要請他或她拿
出公司識別證就行了。假設您決定買某家公司的壽險

產品，只有「保險業務員」的識別證上才有這家公司的名字，也就是其真正的員工，其它兩種都不是。「保險經紀人」可能是某家保險經紀公司的員工，也可能是獨行俠，其特色是通常會販售兩家以上的保險商品。至於「保險代理人」通常其識別證上印有某家保險代理公司的名稱，是代表一家或多家保險公司販賣保險商品。

　　為什麼會有如此的情形呢？傳統的保險市場，原來是派出旗下的業務人員出門拉保險，可是有些很聰明的從業人員很快就發現，一般民眾很希望同時比較數家的商品，因此這些聰明人就成立保險經紀公司或以個人名義，同時向民眾介紹若干家的商品。保險代理公司通常是由銀行轉投資成立，與保險公司簽約，代理一家或多家的保險商品，然後派出保險代理人出外攻城略地。

　　看到這裡，聰明的您也許會有一個疑問，就是代理人和經紀人好像沒什麼差別嘛！其實差別大矣。經紀人是代表民眾與保險公司訂契約，因此主要的收入是向保險公司收取佣金。代理人則是向保險人（保戶，也就是買保險的民眾）收取費用，只是你我未必發覺而已。

當然，我們在買保險時的管道，並不只有代理人、經紀人、業務員這三種而已。常見的還有另外兩個途徑，一個是保險公司自行寄發廣告函，而由民眾直接打電話或自行前往公司買保險；另外一個則是目前頗為流行的網路買保險。

至於「保險公證人」則是在壽險、產險發生理賠時，如果由保險公司或保戶進行鑑定、估價、賠款的計算，大概都不會為對方所接受，因此最好由較公正的第三者，也就是具有專業能力的公證人為之。

看到此處，讀者心中必然會問到一個關鍵的問題，就是買保險時究竟是向代理人、經紀人、業務員哪種人買比較好呢？其實絕對沒有一個標準的答案，因為這三種人的從業人數非常多，每個人的專業能力、敬業態度、流動性都大不相同。一個可以參考的模式是，先經由經紀人或代理人了解各家保險公司的商品特性及優缺點，再透過業務員買保險。如此做的原因在於，業務員不可能同時詳細介紹若干家的商品，而經紀人、代理人日後又無法像業務員般的代表公司出面辦理理賠事宜，除非經紀人、代理人與您實在太熟了，或是服務態度實在無話可說，那麼交由他們買保險也算是無可厚非。

通貨膨脹、通貨緊縮

當物價變高時，大家都覺得錢變薄了，於是有許多人便會高喊通貨膨脹了。相反地，當物價平穩甚至下跌、或是民眾不太捨得花錢，那麼就是通貨緊縮了。很不幸的，台灣目前就面臨著通貨緊縮的壓力。

　　每個人只要口袋有錢，就一定會關心物價的高低或漲跌。大家都希望物價愈低愈好，如此手中的錢就可以買到更多的東西；如果物價變貴了，就會覺得錢變薄了，大家就拼命賺錢或是少買一些東西。

　　錢與商品之間的關係會影響物價，物價的高低就構成了通貨膨脹或通貨緊縮。錢多而商品少，那麼物價就會變高，通貨膨脹就產生了；反之錢少而商品多，物價就下降，通貨緊縮便發生了。

　　如果說得清楚一些，通貨膨脹在很多情形下都可能發生，常見的例子包括大家的薪水一年比一年高，聰明的生意人馬上也跟著調高售價；廠商的原料、土地等成本增加時，一定來個「羊毛出在羊身上」，馬上漲價；新台幣一貶值，進口品馬上也會漲價；還有大家都將儲蓄的錢提出來拼命瞎拼，當然物價也會像

雲霄飛車一般的往上衝。通貨緊縮發生的原因，則恰巧與通貨膨脹相反。

在一般人的觀念中，即使一時之間搞不清楚什麼是通貨膨脹，但是主觀上多半覺得這個玩意兒對大家不好。沒錯，物價上漲會造成大眾的荷包變薄，當然是壞事一件。可是通貨緊縮也是壞事嗎？物價下跌對大家豈不是天大的好消息？

通貨緊縮對社會及民眾的殺傷力有時比通貨膨脹強多了。比較容易令人困惑的是，通貨緊縮剛開始時好像對多數人有利，因為手中的錢可以買更多的東西。但是時間一長，通貨緊縮所扮演的角色便會由「天使」一變而為「撒旦」。原因何在？很簡單，因為隨著商品降價及供應減少，會陸續發生企業獲利縮水、員工遭裁員、減薪甚至失業等效應。最後民眾會赫然發現，雖然錢變大了，可是賺錢卻變得困難多了，反而羨慕從前那一段錢來得快、花得也快的黃金歲月。

台灣在民國六○年代經濟起飛後，在「台灣經濟奇蹟」的美名下，只有通貨膨脹的憂慮，而甚少擔心通貨緊縮。但是，過去幾年由於國際經濟景氣不佳、廠商紛紛移往大陸發展、台灣眾多傳統產業轉型不

易，使得多數靠薪水或固定收入過活的民眾，突然之間覺得錢變得難賺多了，甚至只要保有工作就不錯了，大家未雨綢繆而儘量守住現金。企業及商家逐漸感受到民眾日趨保守的消費心理，也紛紛開始降價以刺激買氣，並且愈殺愈低。

在經濟不景氣、通貨日趨緊縮之下，民眾在花錢及理財上，當然必須和往日「台灣錢淹腳目」的那段天堂般日子有所不同。有幾個原則必須把握，才能在這一波危機中持盈保泰。

首先，就是少借錢；當社會由「均富」逐漸往「均貧」的路上走時，借錢常會應了「肉包子打狗，有去無回」這句話。

第二，就是現金最大。因為未來的景氣很可能會進一步惡化，失業、減薪、裁員等情形也都可能發生在自己或親人的身上。多留一點現金，可以應付日後更糟糕的環境。

第三，盡量殺價、買便宜貨。在通貨緊縮的年代中，由奢侈品至民生必須品，價格都有持續下降的空間。多注意市場商家的降價、促銷活動，盡量讓自己買到最便宜的商品。如果不是立即使用，多等一下即可能買到更便宜的物品。另外，「不二價」已不再是

牢不可破的觀念，消費者不妨勇於和商家議價，只要你表現出購物的意願，商家會願意稍微吃點虧以求換回現金。

第四，減少投資比重。一方面是多留點現金，另一方面則避免投資環境惡化。但是特別要注意的是，危機即是轉機。如果手中有中、短期內不必動支的閒錢，現在其實是相對不錯的投資時機，因為逢低買進永遠是投資學上的金科玉律。

財金大補帖

行政院主計處統計，估計民國九十二年全年的消費者物價指數將衰退0.1%，創下連續三年的負成長紀錄，顯示台灣已正式進入通貨緊縮時期。

節稅、避稅、逃漏稅

用合法的方式少繳一點稅是「節稅」；用不合法或遊走法律邊緣的手段少繳稅便是「避稅」；等而下之的是故意不繳錢的「逃稅」及蓄意少繳的「漏稅」。

　　每個人從上小學開始，都接受了「繳稅、服兵役是國民應盡的義務」的觀念，可是一旦長大成人之後，少繳稅、逃兵役好像變成司空見慣之事，當事人也不怎麼覺得不好意思。不過話說回來，這就是社會，也正是社會現象。

　　每年過完農曆年之後，有收入的家庭便開始面對繳所得稅的壓力，這時有兩個問題變得特別重要：一、要繳多少錢的稅呢？二、能不能想辦法少交一點呢？正由於第二個問題，因此產生了「節稅」、「避稅」、「逃漏稅」等名詞及現象。

　　政府及法律在向民眾課徵所得稅時，有時是很「寬大」的，例如，會列出若干種計算的方式，讓民眾選擇對自己較有利的方法。只要您對報稅有些許的了解，或是請教比較內行的親朋好友甚至會計師等專家後，就可以找出對自己最有利的計算方式，而且自

其它篇
169

然是在完全合法的狀態下完成，這就叫「節稅」。

例如，稅法規定任何家庭可以採取可以視情況選擇分開或合併申報，如：選擇合併申報時也可以自行決定以先生或太太為申報主體（即納稅義務人）；銀行存款及股票股息，只要合計不超過新台幣27萬元，都可以免稅；保險費可以列入列舉式扣除額之中……等很多種情形。只要您稍微花點時間計算，或是利用網路報稅軟體仔細填寫，都可以找到最省錢的繳費方式。

不過，並不是每一種節稅都是毫無爭議的；也就是說，有些節稅的方式完全合法，但是卻對政府稅收造成不在預期中的損失。近年來最明顯的例子，就是高所得者如醫生、律師、電子新貴等階級，利用購買公共設施保留地後再捐給政府的方式，經由扣抵稅額而少繳龐大的所得稅。這種作法當然合乎稅法，可是爭議點有兩處：一是目前台灣公設保留地太多，以致售價奇低，有錢人用「很低」的價錢買地再捐出去，卻可以扣抵「很大」的稅金；二是政府收到保留地用處不是太大，於是在極度缺錢的情況下卻流失了有錢人的大筆稅金。

「避稅」在字面上的解釋是避開應繳納的稅賦，

使用的方式多半是違法、遊走法律邊緣、鑽法律漏洞的手段。例如，為了分離課稅或享受免稅額而製造假離婚、假買賣等情形。以往也曾發生過年收上千萬元者，居然有十多個扶養親屬，以假人頭虛報扶養親屬的案例。

　　至於「逃漏稅」當然是更等而下之純屬違法的作法。故意不繳或少繳所得稅、蓄意將稅額計算錯誤、或是報稅時少附相關資料等。往年政府對此只拿逃漏稅大戶開刀，一般中產階級容易存著僥倖逃過一劫的心理。但是在近年來政府稅收大幅減少、政府花費又省不了多少「寅吃卯糧」的惡劣情況下，政府只好祭出猛開補稅單、交通違規罰單等法寶，讓國庫多一點進帳。

贈與稅、遺產稅

在送別人現金、不動產、股票等時，只要價值超過新台幣100萬元，便要申報「贈與稅」，但是每人每年也可以享有贈與親人100萬元的免稅額；「遺產稅」則是人死亡遺留財產必須要課的稅，但是在保險節稅或子孫放棄繼承下，政府實際上課不到多少稅金。

「贈與稅」與「遺產稅」在台灣是兩種非常奇怪的稅。奇怪之處，在於法律明明白白做了非常詳細的規範，而且台灣社會每年都有無可計數的贈與、遺產出現，可是偏偏政府就是課不了多少的稅金，比起所得稅、營業稅、證交稅等都少得可憐，甚至連交通違規罰款都比不上。這種情形除了顯示政府法令有時形同虛文之外，也證明台灣民眾逃稅、避稅、節稅的功力之高了。

台灣有錢的父母、夫妻為數不少，在「肥水不落外人田」的心理下，自然想把部分的財產轉移至子女、配偶的名下。可是在有錢人的眼中，一年的免稅額度只有「區區新台幣100萬元」，想要移轉個上億元，在有生之年似乎並不容易。其實不然，在會計師

或財務顧問的「指點」之下，身價上億者利用保險、不動產、股票、銀行存款等方式，配合法律上的漏洞，是可以產生「加乘」的效果。例如，一對新婚配偶，只要懂得竅門便可以收到來自雙方父母新台幣1,200萬元的現金，而且不必繳一毛錢的贈與稅。其它的方法更是五花八門，有許多方法是一般人想破腦袋也想不出來的奇招妙計。

至於一般人都屬小康之家，自然不必懂得如此多規避贈與稅的招數，通常只要能夠運用至親間每年新台幣100萬元的贈與免稅額度就很夠用了。不論是用銀行存款、房屋過戶、贈與股票、買保險等方式皆可。不但完全合法、不必鑽法律漏洞，多年下來所移轉的資金已相當可觀了。

雖然多數人想盡辦法不要繳贈與稅，但是對於課稅的常識不妨還是了解一、二。政府在課稅時的應繳稅額計算方式，是以「贈與淨額（贈與金額減去100萬元免稅額）」乘以稅率（有十種累進稅率），再減去所謂的「累進差額」而得出的結果。目前分成十級，贈與淨額由60萬元以下至4,500萬元以上，稅率則由最低的4%至最高的50%不等。以第五級為例，計算方式便是所得淨額在390萬元至500萬元之間者，乘以

16%（就是乘以0.16）的稅率，再減去30萬3千元（每級的金額皆不相同），結果便是贈與稅應繳稅額。

至於遺產稅計算方式的結構也差不多，也是分成十級。遺產淨額（遺產總額減去免稅額及扣除額）由第一級的60萬元以下一直到第十級的1億元以上，稅率則由2%至50%。同樣以第五級爲例，在450萬元至600萬元的遺產淨額，乘以15%的稅率，再減去35萬7千元，所得出的結果便是應繳遺產稅額。

萬一「不幸」面對必須繳納遺產稅時，一個必須要知道的常識就是許多情況都可以扣除不少錢（稱爲扣除額）。例如：死者有配偶則可扣除400萬元、有子孫者每人可扣除40萬元（未滿二十歲者每年加扣40萬元直至滿二十歲）、父母健在者每人扣除100萬元、至親（直系親屬加配偶）有殘障者，每人再扣500萬元等等。另外要知道的是，凡是捐贈給公家及財團法人等的財產，也都是在免稅的範圍之內（稱爲免稅額）。

目前台灣遺產稅課不到預期中的數字，一般人少繳甚至不必繳遺產稅尚在情理之中，有錢階級早已利用贈與稅及保險等方式將名下的財產充分轉移。尤其是行將就木之人，在晚年時將大量的財富轉移至保

險，死後繼承人在領取理賠金時可以完全免稅，便是
最典型的例子。

遺產稅速算公式表：

遺產淨額（新台幣萬元）	稅率%	累進差額（元）
60以下	2%	0
60~150	4%	12,000
150~300	7%	57,000
300~450	11%	177,000
450~600	15%	357,000
600~1000	20%	657,000
1000~1500	26%	1,257,000
1500~4000	33%	2,307,000
4000~10000	41%	5,507,000
10000以上	50%	14,507,00

贈與稅速算公式表：

贈與淨額（新台幣萬元）	稅率%	累進差額（元）
60以下	4%	0
60~170	6%	12,000
170~280	9%	63,000
280~390	12%	147,000
390~500	16%	303,000
500~720	21%	553,000
720~1400	27%	985,000
1400~2900	34%	1,965,000
2900~4500	42%	4,285,000
4500以上	50%	7,885,000

人身保險、財產保險

在五花八門的各類型保單中，大家常被保單的名詞弄得暈頭轉向。其實，保險的種類很容易區分。大的分類只有人身保險與財產保險兩種。小的分類，「人身保險」只有人壽、年金、傷害、健康等四種保險；「財產保險」則有火災、海上、陸空、責任、保證等五類保險。

　　一般人在接觸保險時，首先就被各家公司形形色色的保單弄得七葷八素，更別提各張保單的保額、保費、保障等細節了。

　　如果不信，請問以下十張保單（只是台灣所有保單的滄海一粟而已），您弄得清楚它們是屬於那一類型的保單嗎：「長期看護終身保險」、「快樂人生還本終身保險E型」、「定期定額還本儲蓄壽險」、「長青保險附約」、「安心健保醫療日額保險」、「意外傷害失能保險」、「遞延終身年金保險」、「新建康醫療費用定額償付保險」、「增額百分百養老保險」、「增壽增額終身保險」。（保險公司名稱省略）

　　如果您覺得以上區區十張保單的名稱就有點令人

招架不住，那麼換點較簡單的，以下市面上常見保險商品的種類，您再試試能否分得清楚：終身險、還本終身壽險、生死合險、死亡險、保障型終身壽險、婦女險、定期壽險、儲蓄養老險、健康險、失能險、意外險、健康險、定期醫療險、終身醫療險、防癌險、重大疾病險。

是不是還是覺得過於複雜呢？其實以上的例子只是人身保險的少數例子，還沒有提到財產保險的諸多名詞呢！

其實保險的種類可以化繁為簡。依照保險費的分類，「人身保險」只有淺顯易懂的四種分類：

1. 人壽保險：以被保險人的死亡、生存做為給付條件。

2. 年金保險：在被保險人生存期間內，給付保險金。

3. 傷害保險：被保險人因意外發生死亡或殘廢而給付保險金。

4. 健康保險：被保險人遇有疾病、醫療而給付保險金。

如上分類是不是變得容易多了呢？

在了解了這四種分類後，對於五花八門的諸多保

險商品才能做「正本清源」的認識。例如，保險公司將人壽保險發展出死亡險、生存險、養老險（即生死合險）；健康險發展出醫療險、防癌險、重大疾病險等多種；傷害保險衍生出失能險、意外險等。

至於財產保險，依保險法區分為五類，至於市面上常見的商品均源自於這五類。以下即是這五類財產保險的名稱及發展出的細部保險：

1. 火災保險：包括住宅火災險、商業火災險。

2. 責任保險：最常見的便是汽機車強制責任險，其它尚有現金保險、公共意外保險、電梯意外責任保險、高爾夫球員責任保險（例如：很奇妙的一桿進洞險）、消費者貸款信用保險、竊盜保險、商店綜合保險、藝術品綜合保險等多種。

3. 海上保險：貨物運輸保險、船體保險、漁船保險等。

4. 陸空保險：包括貨物運輸保險、貨物運輸人責任保險。

5. 保證保險：您大概沒有聽過的「員工誠實保證保險」便屬此類。

了解保險的分類有什麼用處呢？第一個好處，就

是您對保險的常識會比一般人豐富，日後與朋友聊天時會顯得較有學問一點；第二個好處，就是面對保險業務員推銷五花八門的保單時，可以儘快地弄清楚這張保單到底是屬於那種保險，不但可以立即了解保單的功用，也絕對會令業務員刮目相看。

 財金大補帖

人身保險產品五花八門，以國泰人壽產品為例，如下表：

種類	屬性	產品名稱
壽險	終身型	達康101終身壽險
		添愛增額終身壽險
		真心生活扶助終身壽險
		祥福101終身壽險
	重大疾病	鐘情終身壽險
	特殊型	松柏長期看護終身壽險
		婦女尊貴終身壽險
	定期型	定期100保險特約
		生活扶助定期壽險
		住得安定期壽險
意外險	附約型式附加於壽險者	金平安保險附約
		新寶貝傷害保險附約
	單獨發售者	國泰海外旅行平安保險
		國泰新平安保險
		企管人員保險
	豁免保費型態	安宜保險費豁免附約
		關懷保險費豁免附約
		保順保險費豁免附約

種類	屬性	產品名稱
儲蓄險	還本型	雙好還本終身保險
		雙星還本終身保險
		長發年年終身保險
		利本年年終身保險
		真意扶助還本終身保險
		富貴養老保險
	滿期金型	保本定期保險
		金美意養老保險
		健康醫療險年期醫療保險
		全心住院日額健康保險附約
		全意住院醫療健康保險附約
	終身醫療健康保險	安和住院醫療終身保險
	防癌健康保險	安利防癌終身健康保險
		安利防癌終身健康保險附約
團體險	團體壽險	福利團體（一年）定期保險
	團體傷害保險	新平安團體保險
		福利團體傷害保險
	團體健康保險	團體一年定期防癌健康保險
		團體一年定期重大疾病保險
		團體溫心住院日額保險附約
其它	投資型保險	新世紀遞延年金（分甲、乙型）
		創世紀變額萬能保險（分甲、乙、丙型）
		國泰富貴保本投資鏈結壽險（甲型）

產險品種類繁多，以中國產物保險公司產品為例，如下表：

種類	屬性	產品名稱
火災保險	住宅火災及地震基本保險	住宅火災保險
		住宅地震基本保險
	住宅火災及地震基本保險	附加擴大地震保險
		附加颱風及洪水保險
		附加罷工、暴動、民眾騷擾、惡意破壞行為保險
		附加恐怖主義保險
		附加自動消防裝置滲漏保險
		附加水漬保險
		附加竊盜保險
		附加地層下陷、滑動或山崩保險
		附加第三人意外責任保險
		附加租金損失保險
		商業火災保險
	商業火災保險附加保險	（與住宅火災及地震基本保險附加保險內容類似）
	商業火災綜合保險	貨運保險
貨運保險	貨物運送人責任保險	
船舶保險	船體保險	
	漁船保險	汽車保險 強制汽車責任保險
	汽車第三人責任保險	
	汽車竊盜損失保險	
	汽車車體損失保險	分甲、乙、丙三式
	定率自負額保險	
	汽車保險附加保險	附加颱風、地震、海嘯、冰雹、洪水、或因雨積水保險
		附加罷工、暴動、民眾騷擾保險
		附加零件、配件被竊損失保險

（續表）產物保險公司產品表例：

種類	屬性	產品名稱
		附加汽車乘客責任保險
		附加受酒類影響車禍受害人補償保險
		機車強制責任保險附加駕駛人傷害保險
航空保險	航空保險	
工程保險	營造綜合保險	
	安裝工程綜合保險	
	營建機具綜合保險	
	鍋爐保險	
	機械保險	
	電子設備綜合保險	
	工程保證保險	
責任保險	公共意外責任保險	
	金融業保管箱責任保險	
	電梯意外責任保險	
	幼稚園責任保險	
	營繕承包人意外責任保險	
	中產瓦斯車改裝責任保險	
	僱主意外責任保險	
	醫師業務責任保險	
	產品責任保險	
	醫院綜合意外責任保險	
	意外污染責任保險	
	會計師責任保險	
	旅館綜合責任保險	
	律師責任保險	
	高爾夫球員責任保險	
	建築師工程師專業責任保險	

種類	屬性	產品名稱
	大眾捷運系統旅客運送責任保險	
	保險代理人經紀人專業責任保險	
	旅行業綜合責任保險	
	合險公證人專業責任保險	
信用及保證保險	消費者貸款信用保險	
	員工誠實保證保險	
	住宅抵押貸款償還保證保險	
	住宅抵押貸款地震保證保險	
	師資培育公費生履約保證保險	
	外勞仲介業貸款償還保證保險	
傷害保險	僱主意外責任保險附加團體傷害保險	
	國軍官兵意外責任保險附加團體保險	
	個人傷害保險及個人傷害保險傷害醫療保險給付附加條款	
	其它保險 竊盜損失保險	
	玻璃保險	
	現金保險	
	銀行業綜合保險	
	節目中斷保險	

預定利率

保險公司在向你我等客戶收取保費之後，除了必要的開支之外，一定會將剩餘的保費拿去投資，投資如果獲利就產生一定的投資報酬率，打個折扣後就是「預定利率」了。預定利率高，就表示保險公司賺了錢，保費當然要降低；反之，目前市面上預定利率一再降低，就表示公司賺的錢比較少了，此時一定施展「羊毛出在羊身上」的絕活，將差額反映在保費調高上。

許多人都會覺得很奇怪，保險公司經常要付出龐大的理賠金額，又要支付人事管理成本及業務員的佣金，保單到期後還要將本金還給保戶，可是保險公司仍舊看來財大氣粗，這究竟是怎麼一回事呢？

原因很簡單，就是保險公司會將部分的保費拿去投資，有一部分的獲利是絕對不可能回饋給保戶的。這就是保險公司真正的主要獲利來源。

每一家保險公司的獲利百分比數字當然都是秘密，外人不得而知。但是與每一位保戶關係最密切的保費高低計算方式，便是由保險公司的獲利數字而決

定。一般而言，保險公司在將獲利數字打一個折扣之後，便是保單的預定利率，再由預定利率決定保費的標準。

近兩年來，保險界最大的新聞之一，便是4%以上的高預定利率保單紛紛停賣，保險費用便醞釀上漲。許多民眾在看新聞時並不太了解為什麼高預定利率的保單必須要停賣，因為好像保險公司想賣，而政府卻不准販售；也不太清楚為何這些保單停賣之後，保費一定要調漲？

其中的來龍去脈，可以很簡單，也可以複雜。比較簡單的說法，便是高預定利率保單會讓保險公司增加很多的成本，可是有些保險公司硬是「打腫臉充胖子」或是不為人知的投資獲利驚人，而堅持繼續販售，財政部因為不希望這類型保單大賣而拖垮部分的保險公司，因此便發出一紙禁令。至於停賣後，所有的保費預定利率當然都低於4%，因為代表著保險公司的投資報酬率變低了，因此必須要調高保費，以維持保險公司的運作及繼續穩定獲利。

複雜一點來說，一切都是投資環境變差所惹的禍。目前國內外投資環境的共同現象，便是利率直直落，股市更是一蹶不振。利率走低造成保險公司置放

於銀行定存、買債券的閒錢投資報酬率愈來愈低；股市低迷也讓這些「熱錢」少了謀取暴利的機會。在保險費愈來愈難「以錢賺錢」之下，保險公司眼看日見滑落的投資報酬率，只有調低各種保單的預定利率以為因應。當預定利率調低時，因為意味著保險公司賺的錢變少了，可是固定支出的理賠金、人事費、佣金卻一樣不能少，因此只好從保戶身上多榨出點保險費來。

雖然保單預定利率調低，是受到了財金及投資大環境的衝擊，有些莫可奈何，但是對於保險公司而言，則勢必會受到「二度傷害」。整個邏輯關係很簡單：投資環境變差，導致保單預定利率降低，引發保費調漲，最終使得民眾對保險退避三舍。換句話說，保險公司因為銀行利率滑落，致使公司獲利降低，可是保費調高後保單銷售也變差了，這就是目前多數保險公司的尷尬處境。

對於民眾而言，在搶購前一波預定利率4%的高利率保單之後，現在及未來要面臨兩項選擇：第一個選擇，就是在較高保費時代來臨時，要不要買新保單？如果仍要保險，就要進行第二個選擇，在眾多預定利率低於4%的保單中，如何選擇利率相對較高、

且符合自己需求的保單。對此，減少儲蓄型保單、多
買純保障型的保單，不失爲一個穩健的因應作法。

其它篇

大陸新生代作家系列

D9002	上海寶貝	衛　慧/著	NT：250
D9003	像衛慧那樣瘋狂	衛　慧/著	NT：250
D9004	糖	棉　棉/著	NT：250
D9005	小妖的網	周潔茹/著	NT：250
D9008	烏鴉 ──我的另類留學生活	九　丹/著	NT：280
D9009	茶花淚	孫　博/著	NT：300
D9010	新加坡情人	九　丹/著	NT：250

台灣作家系列

D7101	我的悲傷是你不懂的語言	沈　琬/著	NT：250
D9007	金枝玉葉	齊　萱/著	NT：250

歷史小說系列

D9401	風流才子紀曉嵐－（上冊）妻妾奇緣	易照峰/著	NT：350
D9402	風流才子紀曉嵐－（下冊）四庫英華	易照峰/著	NT：350
D9403	蘇東坡之把酒謝天	易照峰/著	NT：250
D9404	蘇東坡之飲酒垂釣	易照峰/著	NT：250
D9405	蘇東坡之湖州夢碎	易照峰/著	NT：250
D9406	蘇東坡之大江東去	易照峰/著	NT：250
D9407	蘇東坡之海角天涯	易照峰/著	NT：250
D9408	蘇東坡之文星隕落	易照峰/著	NT：250
D9409	胡雪巖（上冊）	徐星平/著	NT：250
D9410	胡雪巖（下冊）	徐星平/著	NT：250
D9411	錢王	鍾　源/著	NT：299
D9501	紀曉嵐智謀（上冊）	聞迅/編著	NT：300
D9502	紀曉嵐智謀（下冊）	聞迅/編著	NT：300

WISE系列

D5201	英倫書房	蔡明燁/著	NT：220
D5202	村上春樹的黃色辭典	村上世界研究會/著,蕭秋梅/譯	NT：200
D5203	水的記憶之旅	山田登世子/著,章蓓蕾/譯	NT：300
D5204	反思旅行－一個旅人的反省與告解	蔡文杰/著	NT：180
D5205	百年的沉思	辛旗/著	NT：350

MONEY TANK系列

ENJOY系列

A-PLUS系列

FAX系列

當代大師系列

多加利用博客來、金石堂等網路書店
線上訂購優惠折扣多喔！

小市民理財

錢進口袋－小市民理財致富50招

作　　　者：劉培元
出　版　者：生智文化事業有限公司
發　行　人：宋宏智
總　編　輯：賴筱彌
責 任 編 輯：林淑雯、傅紀虹
封 面 設 計：康百利有限公司
美 術 設 計：呂慧美
登　記　證：局版北市業字第677號
地　　　址：台北市新生南路三段88號5樓之6
電　　　話：(02)23660309　　傳　真：(02)23660310
E-m a i l：shengchih@ycrc.com.tw
網　　　址：http://www.ycrc.com.tw
郵 撥 帳 號：19735365　　　戶　名：葉忠賢
印　　　刷：鼎易印刷事業股份有限公司
法 律 顧 問：北辰著作權事務所　蕭雄淋律師
初 版 一 刷：2004年2月　　　定　價：新台幣 200 元
I S B N：957-818-565-0(平裝)

總經銷：揚智文化事業股份有限公司
地址：台北市新生南路三段88號5樓之6
電話：(02)23660309
傳真：(02)23660310

※本書如有缺頁、破損、裝訂錯誤，請寄回更換

錢進口袋：小市民理財致富50招／劉培元作.
-- 初版.--臺北市：生智, 2003〔民92〕
面： 公分.--（小市民理財）
ISBN 957-818-565-0(平裝)

1.金融 - 字典,辭典

561.04   92016756